人新世

―人類よ、絶滅を選ぶな―

人新世

— 人類よ、絶滅を選ぶな —

近藤哲生
前UNDP東京事務所長・駐日代表
上智大学・東京大学非常勤講師、京都大学特任教授
長崎大学・金沢工業大学客員教授

【目　次】

国際協力・国際機関人材育成シリーズ第七作の出版にあたって

上智大学国際協力人材育成センターは、本学が教育精神とする「他者のために、他者とともに(For Others, With Others)」の志を抱いて国際協力の分野で活躍しうる次世代の人材育成を目的として、二〇一五年七月に設立された。以来、学生にとどまらず、この意思をもった社会人や高校生などを含め広く社会に開かれた機関として、人材育成、キャリア形成を支援するとともに、国連機関などの国際機関と連携した教育・研究活動を行っている。

本書の執筆者である近藤哲生氏は、国連開発計画（UNDP）駐日代表を昨年まで務められた。同機関と本学は二〇一四年に国内の大学に先駆けて教育連携協定を締結し、それ以来、同氏は国際協力人材育成センターのアドバイザリーネットワークに加わってくださっている。国連ウィークスやキャリアセミナーなどに多数協力いただいてきた。本書に詳述されているとおり、著者は外務省職員時代に国連機関に出向された後に、UNDPに転籍された経歴を持つ。国際公務員になる道はさまざまであるが、将来その道を考えている皆さんにとっては大いに参考となるキャリアパスであろう。すでに国際公務員を目指して勉強や現在のキャリアを磨いている方もおられるであろうし、まだ具体的なビジョンは持っていない方もおられるであろう。著者の体験談が、皆さんのキャリアに対する動機付けにも大いに役立つことを期待する。

「人新世 ―人類よ、絶滅を選ぶな―」と著者が本書において訴える地球規模の課題への挑戦の道程は果てしないかもしれない。しかし、私たち一人ひとりが主体的に取り組まなければ解決の道筋を見出すことはできないであろう。ぜひ読者の皆さんに著者の提起する課題を一緒に考えていただけたらと願う。そして、その中から国際機関や国際協力の分野へと進む人たちが一人でも多く輩出されることを期待している。

最後に、本書の執筆を快諾され、短期間に精力的に取り組んでくださった著者に改めて敬意と謝意を表したい。

二〇二四年二月

上智大学学長　曄　道　佳　明

序章

そろそろ就活のことも考えないとな。

その先生は近藤さんという人で、最近まで国連職員をしていたらしい。

国連？

自分にはあまり縁がない職業だと思っていた。

近藤さんの話を聞いてみるまでは。

自分は、大学に入って一年、将来の進路を考え始めていた。どんな職業を選ぶにしても、世界のことをたくさん知りたい。ネットで知る情報、もっと知りたければ何でも調べられる。知らなかったこともＣｈａｔ ＧＰＴとかが結構教えてくれるし。でも現実の世界で起こっ

ニューヨークの国連本部事務局　著者撮影

ていることの中に身を置くことは、その場に実際に行ってみなければできない。

国連職員？　まあアリなのかもしれない。でもどうすればなれるのか？

私が生まれたのは、二〇〇五年。小学校までは親の仕事の関係でニューヨークで過ごした。小学校に入るとき、日本では東日本大震災があった。高学年になったとき、色とりどりのロゴが印象的な持続可能な開発目標（ＳＤＧｓ）について初めて耳にした。そして中学、高校とＳＤＧｓについて勉強することが多かった。同級生の中には、ボランティア活動でＳＤＧｓを推進している人もいた。

あの頃、世界ではアフガニスタンやＩＳなど、戦争をしている国があることを知った。そして、新型コロナ・ウイルスが世界を襲う中、高校時代は家から出られず、学校にもあまり

国連本部総会議場入口前にある銃のモニュメント　著者撮影

行けなかった。二〇二二年、大学受験の頃、ロシアがウクライナを侵略して、また新しい戦争が始まった。自然と国際問題について考えることが増え、国際キャリアを目指す在学生や国際的に活躍する卒業生を応援していることで有名な、上智大学[1]に入学した。

小学生時代にニューヨークで週末に通っていた日本語補習校の先生によると、私たちの先輩の何人かのお父さんは、二〇〇一年九月一一日の同時多発テロで亡くなったという。

私も、学校の社会科見学でマンハッタンにある国連本部を訪れたことがある。たくさんの国旗がはためくその建物の前には、銃口を捻じ曲げて結ばれたピストルのモニュメントがある。そして、壊れて中身が出てしまった地球。世界の人が国連に期待して思いを寄せたことが伝わってくる。

国連本部総会議場入口前にある壊れた地球のモニュメント　著者撮影

そしてまた始まったウクライナやパレスチナでの戦争、なぜ人間は戦争をなくせないのか。国連はそのためにあるんじゃないか。

近藤先生の授業でＹｏｕＴｕｂｅ上の一本の動画を見せられた。フランキーという名前の恐竜が登場して、人類に「絶滅を選ぶな」と説教をする。[2] その恐竜のメッセージに、国連で働く人々の思いが込められているという。

それってどういうことなのか、国際人材とどういう関係があるのか、先生に聞いてみるか。

1 上智大学ＨＰ「国際協力人材育成センター・国際協力・国際機関への道」
https://dept.sophia.ac.jp/is/shric/

2 ＵＮＤＰ駐日代表事務所ＨＰ：恐竜が国連で「絶滅を選ぶな」と世界に呼びかけ（動画）

第1章　国連で働くための資格：近藤さんの職業人生

Q1　国連ってどんな人が働いているんですか？

（近藤さんはこんな話をしてくれた。）

国連は、いつも新しい問題に向き合わなければならない。国連憲章には、こんなふうに書いてある。

第一〇一条

一．職員は、総会が設ける規則に従って事務総長が任命する。

二．経済社会理事会、信託統治理事会及び、必要に応じて、国際連合のその他の機関に、適当な職員を常任として配属する。この職員は、事務局の一部をなす。

三．職員の雇用及び勤務条件の決定に当って最も考慮すべきことは、最高水準の能率、能力及び誠実を確保しなければならないことである。職員をなるべく広い地理的基礎に基いて採用することの重要性については、妥当な考慮を払わなければならない。[3]

つまり、能力、誠実、出身国の地理的多様性が求められる。一般的には、国際関係論や国際政治、国際法などを専攻してきた人が多い。しかし、国連が取り組む問題がどんどん多角化する中で、個別の問題に取り組んで解決するためには、何でも屋のジェネラリストばかりでは役に立たない。その道の一流の専門家が必要だ。

さまざまな地域で起きる紛争、その地域の人にしかわからない背景や事情をどう理解して考慮し、紛争解決を図るのか？　また、ＩＴの分野では、人工知能（ＡＩ）に精通した最先端のＩＴエンジニアを雇わないと、世界が必要とする国連の役割は果たせない。中でも常に必要とされるのが、資金調達ができる人だ。

国連は、総会が決めた財政規則の規定で、借金ができないことになっている。[4]どんなに今すぐ必要な人命救助活動のための資金であっても、銀行から借りることはできない。従って、平和維持軍の派遣や人道危機への支援のために必要な資金は、あらかじめ計画的に集めた義務的分担金や拠出金をプールして使う必要がある。でも、一度に大規模な資金需要があると、その都度、加盟国に呼びかけて不足分を拠出してもらわないと活動ができないので、それを上手にできる「営業手腕」を持った職員がどうしても必要になる。

しかし、それは簡単ではない。加盟国政府が国連に払う拠出金の原資は、国民の税金であり、政府

3　国連広報センターＨＰ「国連憲章テキスト」参照
4　UN Financial Regulations and Rules, Rule5.2, ICC-ASP/1/3 p189

はなぜそのお金が必要なのかを詳しく国民に説明しなければならない。その説明をまず国連職員が各国政府の外務省に対して迅速かつ詳細にしなければならないからだ。このような国際機関を通じた政府開発援助（ＯＤＡ）は多国間援助（マルチ援助）と呼ばれ、二国間援助（バイ援助）と対比される。

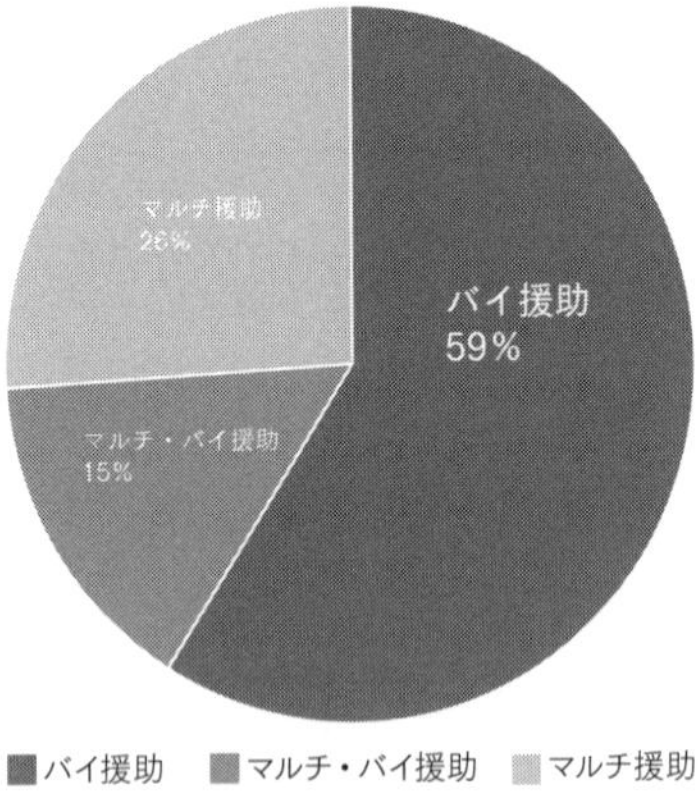

出典：OECD Multilateral Development Finance 2022

図１：DACメンバー国ODAのマルチとバイの比率

Q２　企業のように新卒で国連に就職して、在職中に研修を受けることもできるのですか？

国連は、大学を卒業してすぐの人を毎年集団採用して研修を受けさせる財政的な余裕はほとんどないので、新卒採用はあまりできない。必要な経験を社会で積んできた即戦力になる人を採用せざるを得ない。そして、大学院を卒業して修士号を取得していることを求められることが多い。

もっとも、学部や大学院の学生をインターンとして採用し、交通費やわずかながらの日当を支給して働いてもらい、国連についての学習や研究に役立ててもらうのは、とても大事な国連キャリア構築のきっかけになっている。

国連職員への応募について、この本のシリーズで「国際公務員とキャリア戦略」[5]という日本人の元人事官の方々による貴重なガイダンスが詳細に書かれたものがあるので、ぜひ手に入れて読んでほしい。

5　茶木久実子、玉内みちる共著　二〇二三年「国際公務員とキャリア戦略　―元国連人事官が明かす魅力と成功へのカギ―」（上智大学国際協力人材育成センター監修、国際開発ジャーナル発行）

第2章　私のキャリア系譜と国連観

（近藤さんは、一九五九年生まれで今年六五歳、ちょうど定年退職したそうである。若い頃の話を詳しく教えてくれた。）

Q3　近藤さんはどうやって国連に入ったのですか？

外務省に入って知った世界の動き

私の場合、日本の外交官として国際キャリアをスタートさせた。

私は大学を卒業後、一九八一年に外務省に入省した。外交には、大きく分けて二国間外交（バイラテラル）と多国間外交（マルチラテラル）がある。日本外交は、国連中心主義を大原則としているものの、多くの場合、外務省は国連などでの多国間外交よりも、世界の主要国との二国間外交に重点を置かざるを得ない。私自身は、外務省に入った当初から多国間外交の方に関心が大きかった。新入職員として最初に配属されたのは条約局（注：現在の国際法局）で、戦後の日本が主権国家としての地位を回復してゆくプロセスについての一九五〇年代の外交記録、特にサンフランシスコ講和条約の交渉記録の公開を担当した。

最初の海外赴任はフランスで、一九八二年に大使館のアタッシェとして研修を受けた。新冷戦あるいは第二次冷戦と呼ばれる米ソ冷戦が再び熾烈を極めていた頃である。一九七九年にはフォークランド紛争を率いたイギリスのサッチャー政権が、また一九八一年には戦略防衛構想（ＳＤＩ）などで対共産圏強行姿勢を貫き日本に防衛費増加を求めたアメリカのレーガン政権が誕生した。そして彼らは共産主義ブロックに非常に厳しく対峙した。一方、ソ連では国家指導者が高齢化し、共産党の指導者が相次いで亡くなった。

当時、駆け出し外交官だった私の記憶では、一九八〇年代初頭はちょうど現在のように実際にヨーロッパ大陸で核兵器が使用されるかもしれないという懸念が著しく高まった時期でもあった。特に一九八三年は、西側の軍事同盟であるＮＡＴＯとソ連が、それぞれ中距離核ミサイルを、当時、今の韓国と北朝鮮のように東西に分断されていたドイツの国境付近に配備する計画を立てた時期として記憶されている。そして、西ドイツをはじめとする西側諸国の学生たちが反核平和運動の声を上げた時期でもあった。しかし、国連は安保理常任理事国の拒否権によって、このような事態に対処することができなかったのは、今日のウクライナとロシア、イスラエルとパレスチナの紛争におけるのと同様である。[6]平和と安全を維持するための新しいアプローチが、多くの政府によって模索された。

このような状況の中、私は外務省に就職した当初からどちらかというと多国間外交、特に国連外交に関心があって、それを担当する部署への配置を希望し、人事課の面接で自分の関心分野を伝えた。外務省に応募する時点で希望する専門語学を願書に書くことになっているが、国連で汎用性の高いフランス語を主な希望語学にしたのもそのためだった。

こうして、まずはフランスとザイール（今のコンゴ民主共和国）の大使館に勤務したのち、国際連合局社会協力課、海洋法本部海洋課に勤務する機会を与えられ、一九九六年にニューヨークの国際連合日本政府代表部に、二〇〇一年には国連開発計画（ＵＮＤＰ）に出向することになった。その後、外務省を二〇〇四年に退職して、本格的なＵＮＤＰ職員として国連でのキャリアを開始したのは四五歳のときだった。

国連とはどういうものかについてはさまざまな意見があると思うが、ここで国連設立の背景について、私の考えを述べてみたい。

「世界平和の確立は、一個人、一政党、一国の仕事ではありえない。世界平和の確立は、一個人、一政党、一国の仕事であってはならない」

これは、国際連合の生みの親の一人であり、国際連合の名前の由来となったフランクリン・Ｄ・ルーズベルト大統領が、一九四五年三月に米国議会で行ったヤルタ会議の報告演説[7]の中で述べた言葉である。ルーズベルト自身は、国際連合の誕生に立ち会ったわけではない。ルーズベルトは演説の一カ月後の一九四五年四月、国連憲章を起草する国際機関の会議の数週間前に死去した。五〇カ国の代表が出席したサンフランシスコ会議[8]は、この国際機関の創設によって人類が戦争と報復の悪循環を断ち切り、世界を平和と安全へと導くことができるという喜びと希望に満ちていた。この会議は人類史における「画期的な出来事」と評され、国際連合という新しい国際組織に世界が大きな期待と希望を抱いていたことを物語っている。

国際連合憲章は、三カ月にわたる集中的な討論と討議の末に採択されたもので、「私たちが生きている間に二度にわたって人類に計り知れない悲しみをもたらした戦争の惨禍から将来の世代を救う」という誓約の集大成である。私は、この憲章の前文にある言葉は、単に過去の過ちを反省するために書かれたのではなく、次世代に対する責任感から書かれたものだと信じている。

一九九八年、私は国際連合日本政府代表部の一等書記官として、日本が非常任理事国を務める安全保障理事会のアジア・アフリカ地域情勢担当官を務めた。その後、開発担当となり、二〇〇〇年にはＵＮＤＰ執行理事会の副議長に選出された。この機会を活用して外務省や国連大使の上司の方々と相談し、翌年ＵＮＤＰに出向、ＵＮＤＰ総裁特別顧問として採用された。

6　Anwarul K. Chowdhury 2023, "The UN's 78th Birthday: Revisiting the Operational Credibility of the United Nations" (Inter Press Service)

7　US National Archive, March 1, 1945: Address to Congress on Yalta, Franklin D. Roosevelt "The structure of world peace cannot be the work of one man, or one party, or one nation."

8　United Nations HP, "Peace, dignity and equality on a healthy planet"

ＵＮＤＰ本部で国連キャリアへ、そして現場へ（アフガニスタン、イラク支援）

私がＵＮＤＰに赴任した直後、九・一一同時多発テロという悲劇[9]が起こり、アメリカはアフガニスタン、そしてイラクへの空爆を開始した。翌二〇〇二年には、元国連難民高等弁務官の故緒方貞子氏が議長を務めたアフガニスタン復興支援国会議が東京で開かれ、日本は国際社会で積極的な役割を果たした。

その後、二〇〇四年四月、私はイラク復興信託基金ファシリティ（ＩＲＦＦＩ）[10]のドナー委員会事務局長兼国連イラク支援ミッション（ＵＮＡＭＩ）特別顧問に就任したが、この仕事は日本政府が多額の拠出金を提供したために獲得したポストだった。

こうして四年間、ＵＮＤＰに出向というかたちで勤務したのち、二〇〇五年三月、私は二〇年以上勤めた外務省を退職し、ＵＮＤＰでのキャリアを本格的に始めることを決意した。当時の国連日本大使は、私のキャリア軌道修正にとても協力的で、ＵＮＤＰの総裁に私の将来について話すから、家族と相談しておいで、とまでいってくれた。

当初、私は政府を離れ、国連というかなり予測不可能な生活に移ることに少しためらいがあったが、アフガニスタンやアフリカなどさまざまな地域で安保理が多くの紛争や人道危機を取り上げているのを目の当たりにしたことで、私の決意は固まった。紛争が勃発すると、国連事務総長直属の事務局、政務・平和維持活動局から安保理加盟国に連絡が入り、緊急会合などが行われる。そして停戦の呼びかけやＰＫＯミッションの派遣などを決める安保理決議が採択され、その後、国連諸機関が人道復興支援に動員される。彼らは状況を調査し、評価し、査定し、解決策を練る。こうした一連の対応プロセスを最初は日本政府職員としてつぶさに見ているうちに、私も国際的な立場でその一翼を担いたいという思いが強くなっていった。

特に、深刻な人権・人道問題が慢性化していたアフガニスタンでの活動は、私の思いを加速させた。現地での被災者支援には安保理加盟国やその他の国も関与しているが、現地で被災者を支援する活動には国際的な資格があったほうがいいと考えたからだ。

外務省を退職してＵＮＤＰのP5レベルの正規職員となったのち、二〇〇五年三月にバンコクのＵＮＤＰアジア太平洋地域センターで資金・戦略的パートナーシップ担当上級顧問に任命され、インド洋で起きた大地震による大津波災害後の復興支援に携わった。その後、二〇〇六年四月から一二月まで、折から内戦が再発して人道危機が起きた東ティモールに人道支援調整・資源動員上級顧問として着任した。

国際法上、外務省は主権国家を代表する機関であり、その職員の活動は本国政府の指示に従う限り対応の適切さが推定されている。つまり、外務省が決めたとおりに行動すれば、結果がどうであれ、とりあえずは責任を果たしたとみなされる。しかし、国連の場合、特にＵＮＤＰのような開発機

9　平成一四年版外交青書「米国同時多発テロの発生」参照
10　Hideki Matsunaga, World Bank Group 2019, "The Reconstruction of Iraq after 2003"

関の場合、その責任は、意思決定プロセスの正当性は言うに及ばず、結果がすべてである。活動の結果が期待にそぐわない場合、その責任は、どのような状況であろうと、現場や本部の責任者にある。

このような成果主義は、仕事のあらゆる場面で強く求められ、個人のパフォーマンスとして評価され、後の処遇に直結する。また、たとえ結果が出たとしても、その結果に対する個人の貢献度を明確に説明できなければ、それがどんなに大きな貢献であったとしても、業績としてカウントされない場合があり得る。これは、チームワークを重視して成果を周りが認めてくれる外務省時代の働き方との根本的な仕事に対する考え方の違いで、特にバンコクや東ティモールでの国連正規職員になってからの仕事ではこの違いを強く感じる場面が多く、そこに大きなギャップを感じた。

出向した当初からＵＮＤＰでの仕事はとてもエキサイティングだった。ＵＮＤＰに入ってすぐの時期は、日本政府とのリエゾンとしての仕事が多かった。前述したように、この年に九・一一が起こり、アフガニスタンやイラクでの紛争やその復興支援、津波被災者支援などが続いたので、これらの紛争や災害に対する国際協力の呼びかけや資金調達が私の仕事の中心だった。

次の現場へ（東ティモール人道支援）

二〇〇六年に勤務した東ティモールでは、同年三月に発生した内乱に対して、二国間援助国政府、国連、ＮＧＯなどさまざまな機関が提供する人道復興支援のための資金調達や調整に携わった。具体的には、東ティモール政府の労働連帯大臣を支援し、人道支援を担当する関係省庁を組織して、国内避難民の避難キャンプに水、衛生、食料、シェルター、治安、医療、教育などの支援を提供した。

その次の現場へ（コソボUNDP国事務所）

その後二〇〇七年、私は非常に厳しい競争の末、国連コソボ暫定行政ミッション（UNMIK）を支援するUNDP常駐副代表の職を得た。コソボでは、約六〇人のスタッフを擁するUNDPコソボ事務所の業務全般を管理・監督した。文字どおり、私の仕事は、プログラム（業務の実施）とオペレーション（財務、人事、調達、ロジスティクスなどの管理業務）の両面で、すべての活動を管理することだった。コソボはスラブ民族とイスラム教徒が混在して生活する地域で、一三世紀くらいから紛争が続いていた。問題の根は深かったが、苦しんでい

2006年4月、東ティモール人道支援で現地のニーズを調査する国連チーム　著者撮影

る住民が少しでも長く平和に暮らせるようなガバナンス作りに貢献したいと思った。

そしてその次の現場（チャドUNDP国事務所）

そして二〇一〇年、私はＵＮＤＰカントリー・ダイレクター兼国連常駐調整官代理としてサブサハラ・アフリカの別の大陸、チャドに赴任した。そこで初めて感じたのは、現在のアフリカは、かつて私の外務省時代に私を含む先進国の人々が考えていたようなアフリカではなくなっているということだった。アフリカだけでなく、世界が日々経験している変化はあまりに急激で、遠くからニュースや文献を見ただけでは、そこで何が起きているのか知ることができない。アフリカの変化はとても速い！

日本や欧米などの先進国にいた頃は、アフリカといえば貧困と飢餓と伝染病ばかりで、

UNDPコソボ常駐副代表として執務する著者

生きていくことすら容易ではない地域だと正直思っていた。しかし、アフリカは貧困や紛争などの課題が山積している一方で、環境、エネルギー、食料、健康といった人類共通の課題に対処するためのヒントが豊富にある地域でもある。なぜなら、アフリカ諸国はそれらの課題に本格的に取り組み始めたばかりであり、国際社会の協力を得ながら、課題解決に必要な最新の知識や技術を取り入れようと真剣に努力しているからである。

こうした取り組みに携わる政府、企業、市民社会の人々を支援するため、目標達成を支援するプログラムやプロジェクトを策定・実施し、受益者の声や実施経験から得た教訓に基づく新しいアイデアを世界に発信することは、まさにＵＮＤＰと国連の役割である。

ＵＮＤＰチャドの所長として苦難に立ち向

2010年　UNDPチャドのカントリー・ダイレクターとして砂漠地帯の支援現場で

2010年　チャド東部スーダン国境近くでIDPの保護に当たる筆者

かったことは、私のキャリアのハイライトだった。チャドに足を踏み入れたばかりの私にとって、二〇一〇年、チャドの現実を見ると、過酷な実情が明らかだった。チャドが位置する「サヘル地域」は、その年の初めから激動の時代を迎えていた。マリ北部で分離独立を目指すイスラム過激派グループに対してフランス軍が介入し、西アフリカ諸国経済共同体（ＥＣＯＷＡＳ）の多国籍軍が戦闘に加わった。[11] アルジェリアのイナメナス天然ガス精製工場が過激派テログループに襲撃され、多くの日本人を含む人質が殺害され、フランスの介入に対する報復を主張する声明が発表された。新任の私も多くの日本人開発労働者を追悼する人々の一人だった。また、チャドはマリに二〇〇〇人の軍隊を派遣し、最も攻略が困難といわれたキダル、マオ、メナカを短期間で制圧した。

あまり知られていないが、チャド軍は隣国の中央アフリカ共和国でも反政府勢力を制圧し、首都バンギを反政府勢力の攻撃から守っている。[12] 一方、チャドには近隣のダルフール、スーダン、中央アフリカからの難民が二〇万人近く住んでおり、チャド政府は国連難民高等弁務官事務所（ＵＮＨＣＲ）と協力して彼らの保護に当たっていた。さらに、二〇一一年のカダフィ政権崩壊後、リビア南部の軍事情勢が不安定化するリスクに対処するため、リビア新政権は、リビア南部の治安維持のため、チャド政府に部隊派遣を要請することを検討していた。

私がチャドの首都ンジャメナに到着した二〇一〇年一〇月当時、国連中央アフリカ・チャド・ミッション（la Mission des Nations Unies en République centrafricaine et au Tchad：ＭＩＮＵＲＣＡＴ）はまだ活動しており、チャド自身も二〇〇八年の内戦後、一五万人の国内避難民（ＩＤＰ）を抱える悲惨な人道的状況にあった。

ＵＮＤＰチャド事務所のカントリー・ダイレクター兼国連常駐調整官代理としての私の最初の仕事は、関連する安全保障理事会決議（S/2010/611）に従い、このＭＩＮＵＲＣＡＴを引き継ぎ、民間人の保護を提供し、人道支援を調整し、人権状況を監視することだった。もう一つの重要な任務は、チャド全土で活動する約五〇〇人の国連機関要員の安全を確保することであった。これには、人道支援に従事する国連およびＮＧＯ要員の安全を確保するため、ＭＩＮＵＲＣＡＴの下で訓練を受けた約

11　飯村学「開発の現場から見たマリ、サヘル情勢」二〇一三年　日本国際問題研究所

12　Report of the Secretary-General on the United Nations Mission in the Central African Republic and Chad 2008, S/2008/760

一〇〇〇人のチャド人執行要員からなる治安部隊（le Détachement Intégré de Sécurité：ＤＩＳ）の管理・監督も含まれる。ＤＩＳプロジェクトはＰＫＯミッションからＵＮＤＰに引き継がれ、実施されることになった。私は突然の昇進で、ＵＮＨＣＲの代表とともに軍事部隊のチーフを務めること[13]になった。

こうして、国連平和維持活動の顧客であった「紛争多発国」チャドは、その後二年以上にわたって変貌を遂げ、ＵＮＤＰをはじめとする国連機関と協力して、同国の人道状況を改善した。私は多くの政府高官と手を携えて、国政選挙や地方分権化など、統治と行政サービスの改善に努めた。チャドはまた、近隣諸国の安全確保においても主導的な役割を果たした。その変化は、正直なところ人々の予想をはるかに超えていた。

日本政府はＵＮＤＰを通じて、欧州連合（ＥＵ）、世界銀行、アフリカ開発銀行、フランス、米国、スイスの各政府とともに、チャドの地方分権、住民の復興・減災能力（レジリエンス）強化、人間の安全保障プロジェクトに強力な財政支援を提供してきた。日本政府は、国家開発計画を支援することで平和の定着に取り組んできた。また、閣議決定された国家開発計画（ＰＮＤ二〇一三―二〇一五）を支援するためのドナーグループが設置された。ＰＮＤ二〇一三―二〇一五の起草は、チャド当局の要請で世銀とともにＵＮＤＰも引き受けた。[14] チャドはこの計画に従って調和のとれた人間開発を達成したため、マリが経験したような内戦に再び見舞われることはなかった。

国連常駐調整官とＵＮＤＰカントリー・ダイレクターは、大統領、首相、各省の大臣と頻繁に会合

2012年　生前のデビー大統領（前列右から２番目）と
チャド大統領府撮影

を持ち、協議を行う。チャドは国連加盟国であり、私たち国連職員は中立・公平な立場で加盟国に「奉仕」する立場にあるのだから、これは当然のことだ。私の携帯電話は、こうした政府高官の側近や、ときには指導者本人からの電話で、昼夜を問わず忙しく、食事や睡眠を中断して会議に直行することもしばしばだった。

　チャドの故イドリス・デビー大統領は月に一度、閣僚や国連機関の代表を集め、保健衛生など国民への行政サービスを向上させるための成果重視の政策を実施し、ＵＮＤＰやユニセフ、世界保健機関（ＷＨＯ）などから支援を受けるよう指示した。国家元首は政府を運営する責任がある。行政の主導者である国家元首のとった行動が与える影響は計り知れない。例えば、ＵＮＤＰはＨＩＶ─ＡＩＤＳ、結核、マラリアのための世界基金の主要

13　OCHA Reliefweb 2011, “Tchad: La sécurisation de l'espace humanitaire est renforcée par l'assistance du Système des Nations Unies au Détachement Intégré de Sécurité”

14　UNDP Chad HP 2013, “Plan National de Développement 2013-2015”

2012年　地方都市モンドゥでの人間開発報告書のローンチイベント
UNDPチャド撮影

な受け皿[15]であり、全国民への抗マラリア薬と蚊帳の配布を担当した。

また、国連高官として政権首脳との個別会談で民主化プロセス推進について意見を求められることもあった。こうした活動では、外務省時代に先輩外交官から受け継いだ経験が大いに役立った。「外交辞令」ではなく、実際のビジネスモードでの話である。

チャドでは、二〇一三年に国連合同エイズ計画（UNAIDS）のマリ事務局長であるミシェル・シディベ氏がチャドを訪問した際、お会いする機会があった。ユニセフのスタッフとして二五年間現場で働いてきたシディベ氏は、自問した。「これからの世界に国連は本当に必要なのか？　国連が過去一〇年間と同じ仕事を続けるだけなら、人々は国連を必要としなくなるかもしれない。国連が持っている知識は、すでに政府や企業、ＮＧＯの手の中にある。国連が今後必要とされるとすれば、それは国連が新しいアイデアを伝えることができるからである。例えばＵＮＡＩＤＳは、エイズの母子感染を防ぐための国家予算措置によって、数年後には将来の医療費が大幅に削減されるという考えを示し、伝えた[16]のです」。

遠隔医療を可能にした日本の技術と知恵を引き合いに出しながら、ＵＮＤＰには、各国の指導者や市民が人類共通の課題に取り組むのを支援するうえで、日本とのパートナーシップの下で果たすべき役割は計り知れないと強調した。私もまったく同感だった。

ＵＮＤＰは、プログラム開発、組織能力構築、財務管理、人的資源管理、調達などの分野で非常に多くの専門知識を持っていた。さらに、政治的に中立な立場で技術協力を推進できることも大きな強みだった。その多くは、各国で現地採用された国内スタッフによって行われた。彼らの国内ネットワークや国同士の横のつながりは、非常に貴重なアイデアの源であり、これは特にアフリカで顕著であった。実際、ＵＮＤＰの現地スタッフ出身の閣僚や有能な国家指導者の多くは、各国で活躍していることが多い。

アフリカの活力がＴＩＣＡＤ（アフリカ開発会議）を通じて日本の知見や技術を結集し、日本がアフリカを知ることで人類共通の課題解決にリーダーシップを発揮することができれば、期待以上の成

15 UNDP HP 2023 “Global Fund Partnership and Health System”
16 UNAIDS HP 2015 “Accelerating the AIDS response in Chad”

果が得られるに違いない。学生など若者を中心に市民レベルの交流を進めれば、その効果はさらに大きくなるだろう。

私もチャドの立場から、二〇一三年のTICAD Vを日本とアフリカ双方にとって大成功させることを目指した。[17]

母国日本に戻って国連の経験を伝える

その後、二〇一四年にUNDP駐日代表事務所長を務めた。

UNDPの事務所は世界に約一三〇ある。途上国の現地で「県庁や市役所を運営する人がいない」と聞けば、それを作る計画を立てて実行する。「法律家が足りなくて裁判ができない」と聞けば、裁判官、検察官、弁護士を養成するシステムを作る。各国の問題点を把握し、それを解決していくのが途上国に置かれた国事務所の仕事だ。

2017年　東京で若者とSDGsについて語り合うイベントで　UNDP東京撮影

日本のような先進国での代表事務所の仕事は、ＵＮＤＰの活動を政府、国会議員、マスコミ、学者・学生、民間企業、ＮＧＯなど国民の方々に広く説明することである。日本政府はＵＮＤＰにかなりの資金を拠出している。国民の税金で成り立っている支援である以上、実際にどのように使われているのかを国民に説明する必要がある。また、途上国の貧困削減を進めるだけでなく、地球に住むすべての人々へのコミットメントを促す「持続可能な開発のための世界目標（ＳＤＧｓ）」の設定や周知に取り組むことも重要な仕事だ。ＳＤＧｓが国連で合意された背景では、国連機関や世界銀行の現場での活動、そしてＮＧＯが行った人道・開発活動が大きな働きをしている。

国連は過去のどの瞬間よりも、国際協力の必要性を訴えなければならない。現在の世界的な開発目標が「持続可能な開発目標」と名付けられた理由は明白だ。今のライフスタイルを変えることなく生き続ければ、私たちの生活様式と環境への影響は持続不可能になるだろう。この地球上には、気候の変化によって誕生する種もあれば絶滅する種もある。国連は、紛争によって人権が蹂躙されるときと同様、人命が持続不可能という脅威やリスクに直面するたびに、警鐘を鳴らす役割がある。

17　外務省ＨＰ　二〇一三年「第五回アフリカ開発会議（ＴＩＣＡＤ Ｖ）」

第3章　UNDPという国際機関

（この先生が語ってくれることは、もっともだと思う反面、やたらと目盛りが大きすぎてなかなか実感が湧いてこない。まあ、いろいろ聞いてみよう。）

Q4　国連にはたくさんの機関があると思うのですが、UNDPはなぜ作られて、今は何を行っているのですか？

UNDP創設のきっかけ

UNDPは一九六六年、植民地時代の宗主国から独立したばかりの国々が次々と国連加盟国となり、国連総会で自国の発展のために包括的な解決策を提供する国際的支援を求めた結果、設立された。やがてUNDPは、日本を含む主要ドナー国からの支援を得て、国連システム最大の開発機関となった。

UNDPは、各国が貧困をなくし、持続可能な成長と人間開発を達成できるよう支援することを

2006年　東ティモール国事務所でUNDPのプログラムを企画するワークショップ
著者撮影

任務としている。ＵＮＤＰの職員は、貧困国の経済発展のためには、長期的な自給自足と繁栄に向けた現地の人々や組織の能力開発が重要だと考えている。ニューヨークの国連本部を拠点とし、一七七カ国においてプログラムを実施する一三〇の国事務所からなる。つまり、一部の事務所は複数の国を担当している。ＵＮＤＰの資金はすべて国連加盟国からの自発的な拠出によって賄われており、義務的に支払われる国連分担金は使用していない。

ＵＮＤＰは、一九六五年一一月二二日、それまでの拡大技術援助計画（ＥＰＴＡ）と特別基金（Special Fund）を統合して設立された。ＥＰＴＡは低開発国の経済的・政治的側面を支援するために一九四九年に設立され、国際労働機関（ＩＬＯ）など、他の国連専門機関による技術専門家派遣活動に資金提供を行っていた。

それに対し、特別基金は国連の技術支援の範囲を拡大するためのものとして一九五八年に設立されたもので、国連経済開発特別基金〔(SUNFED)、当初は国連経済開発基金(UNFED)〕の構想から生まれた。[18]

すなわち、当初、北欧諸国などを中心に国連が基金を管理して技術協力による経済開発を進めようとする考え方が提唱されたが、他の先進国、特に米国は、一国一票・主権平等の国連で第三世界

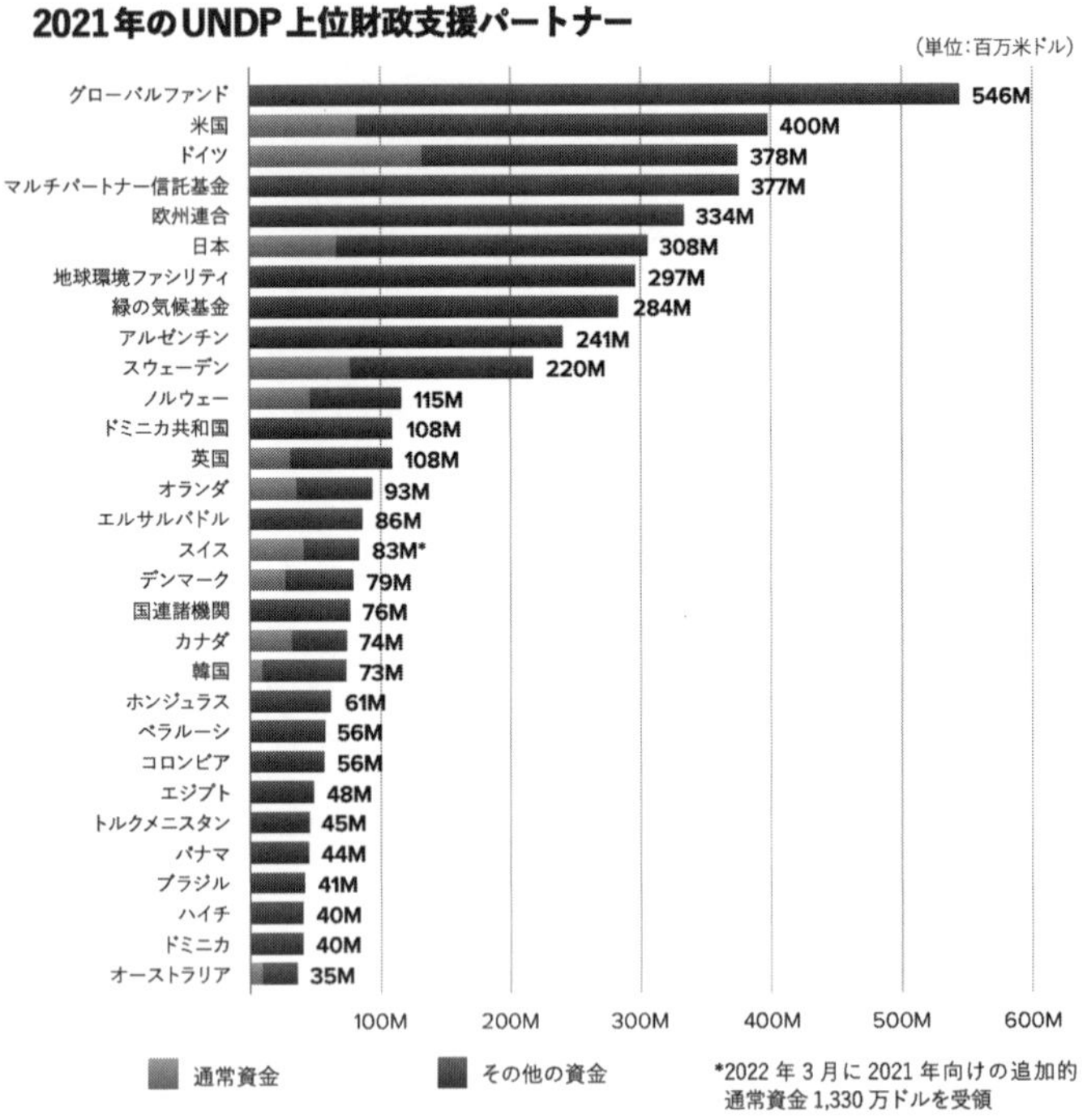

出典：UNDP駐日事務所

図2：2021年のUNDP上位財政支援パートナー

が数の力でこのような基金を支配することを警戒し、出資比率で投票権が決まる世界銀行の後援を受けることを望んだ。そのため、ＳＵＮＦＥＤに反対しその構想が中止された一方で、投資資金ではなく民間投資の前提条件を整える技術協力のための特別基金を一九五八年に設立することとなった。

その後、米国が世界銀行傘下に無利子またはごく低金利の融資（「クレジット」）と呼ばれる）と贈与（「グラント」）を提供するための国際開発協会（ＩＤＡ）を提案、一九六〇年に設立した。すると、ＥＰＴＡと特別基金の活動が類似しており重複しているように見えたので、一九六二年、国連経済社会理事会は事務総長に対し、国連の技術支援プログラムを一本化することを検討するよう要請し、一九六五年、ＥＰＴＡと特別基金を統合してＵＮＤＰを設立することが合意されたのである。[19]

ちなみに、二〇二二年のＵＮＤＰの予算総額は約六七億三七九二万米ドルであった。

ＵＮＤＰのグローバルな活動

ＵＮＤＰは、二〇二二年に開発機関の活動の透明性を審査する"Publish What You Fund"が発表した援助の透明性指数では、世界銀行やユニセフなどとともに「極めて優秀なグループ」と評価され、

18　秋月弘子　一九九三年『社会科学ジャーナル』三一 pp.39-58「国連開発計画（ＵＮＤＰ）の開発援助活動の法構造」（国際基督教大学社会科学研究会） https://core.ac.uk/reader/234715150

19　Aaron Dean Rietkerk 2015, The London School of Economics and Political Science, "In Pursuit of Development:The United Nations, Decolonization and Development Aid, 1949-1961" p.19

第七位にランキングされている。[20]

UNDPは、ホストであるプログラム国（被援助国）自身の目標や開発優先事項の達成と、世界で広く重視されている開発政策を結びつけ、実施のために調整している。四年ごとにUNDP戦略計画を作成しているが、最新の二〇二二―二〇二五の戦略計画では、UNDPは「三つの変化（チェンジ）」を目指し、「六つの解決策（シグネチャー・ソリューション）」に焦点を当て、「三つの支援手段（エネーブラー）」によって各国を応援することが定められている（巻末資料①参照）。

「三つの変化」とは、構造的な変革、一人も取り残さない、強靭さ（レジリエンス）の構築からなる。

「六つの解決策」とは、貧困と格差、ガバナンス、レジリエンス、環境、エネルギー、ジェンダー平等からなる。

「三つの支援手段」とは、戦略的なイノベーション、デジタル・トランスフォーメーション（DX）、開発資金からなる。

UNDPの活動は、この三×六×三の枠組みによって形成されることになっている。[21] では、六つのシグネチャー・ソリューションを詳しく見てみよう。

一　貧困と格差

貧困と格差是正のプログラムは、経済機会や資源へのアクセスを拡大し、貧困プログラムを各国のより大きな目標や政策と関連づけ、貧困層の発言力を高めることによって、各国が貧困と闘うための戦略を策定するのを支援している。また、貿易改革、債務救済、外国投資の奨励、そして最貧困層がグローバリゼーションの恩恵を受けられるようにするためのマクロレベルでの活動も行っている。

二　ガバナンス

ガバナンスのプログラムは、将来予測力のあるガバナンスを実現できるような政策助言と技術支援を行い、国内の制度を構造的に変革するとともに個人の能力を向上させている。また、誰も取り残さない政策手法を導入するために民主的なプロセスを確保し、交渉と対話を促進することをとおして国民の教育と民主政治の実現を目指す。その際、他の国や場所での成功経験を共有することによって、その国にとってのイノベーションを生み出している。特に、国内での常識に従うとなかなか実現しにくい政府と一般国民との対話や協力を国連機関としてのＵＮＤＰが推進することで、国家統治プログラムに関する合意を促進し、既存の民主的機関を支援している。

三　レジリエンス・危機対応

レジリエンスのプログラムは、紛争、気候変動、自然災害、感染症などのさまざまな危機に対する

20　Publish What You Fund HP 2022, “The 2022 Aid Transparency Index” p16
21　“UNDP Strategic Plan 2022-2025” pp.6-7

国やコミュニティの強靭な復元力を構築する力をつけることを目的としており、緊急時にも即応できる支援メニュー（オファー）と体制（サージ・チーム）を整備している。具体的には、ニーズ評価、能力開発、調整計画、政策・基準設定において被災地の政府を支援している。リスク削減プログラムの例としては、小型武器の拡散を抑制する取り組み、自然災害の影響を軽減する戦略、外交の活用を促し暴力を防止するプログラムなどが行われている。復興プログラムの例としては、武装解除、動員解除、元兵士の再統合、地雷除去活動、避難民の再統合プログラム、基本的サービスの回復、戦乱から復興した国のための移行期司法制度支援などがある。具体例を挙げると、アフガニスタンがタリバンに占領され、ほとんどの外国援助が停止されたのち、UNDPは日本の支援を得て、地域コミュニティと連携するプログラム"ABADEI"を通して、住民を直接支援している。

四　環境

環境のプログラムは、自然環境を国民経済と経済計画における中核的な資産と捉え、政府が、空気、水、生物圏や海洋などの自然資産を守り、管理し、活用できるように応援している。これまでも、水の供給と衛生設備へのアクセスを含む効果的な水ガバナンス、持続可能なエネルギー・サービスへのアクセス、砂漠化と土地の劣化と闘うための持続可能な土地管理、生物多様性の保全と持続可能な利用、有害な汚染物質とオゾン層破壊物質の排出を抑制する政策に重点を置いてきた。UNDPの「赤道イニシアティブ」は、生物多様性の保全と持続可能な利用を通じて貧困を削減し、SDGs

の達成に貢献する先住民コミュニティの優れた取り組みに対して「赤道賞」を隔年で表彰している。

五　エネルギー・地球温暖化対策

エネルギーのプログラムは、国やコミュニティの中でエネルギーへのアクセスから最も取り残されている人々が使えるようなエネルギーの創出に取り組むとともに、再生可能エネルギーへの移行を加速させている。サヘル地域のマリや私がいたチャドでも農村に多機能プラットフォーム（ＭＦＰ）の配備を支援した。これらの設備は植物由来の燃料を用いるディーゼルエンジンによって駆動され、ポンプ、穀物粉砕機、電化製品などの機器に同時に電力を供給する。また、このＭＦＰを運営する組合を女性リーダー支援の場とし

チャドの農村地域の集落に設置された多機能プラットフォーム
女性の経済的自立の手段として活用された　UNDPチャド撮影

て、女性の経済的な自立や地域での意思決定を主導できる機会を提供している。[22]

ＵＮＤＰは、二〇二二年一一月に行われた国連気候変動枠組条約第二七回締約国会議（ＣＯＰ27）の交渉において、ロス&ダメージ（気候変動の悪影響に伴う損失と損害）の回避、最小化、およびその他措置のための開発途上国向け基金を設立する合意がなされたことを受け、気候変動に起因する緊急事態に対する世界的な闘いを加速させている。[23] また翌二〇二三年一一月のＣＯＰ28では、資金調達や人々のより深い気候変動対策への取り組みを促すためにＦＢＯなど市民団体との連携が強調された。

開発途上国による気候変動に取り組む目標〔温室効果ガス排出削減目標：Nationally Determined Contributions（ＮＤＣ）〕の設定と行動を鼓舞するため、「気候の約束（Climate Promise）」イニシアティブを実行してきた。これにより、開発途上国の九〇％が緩和策への意欲を高め、九五％が適応策への意欲を高めている。[24] 温室効果ガスの排出量を削減し、地球温暖化を一・五度に抑えるためには、クリーンで持続可能なエネルギー源への公正な移行が不可欠である。

六　ジェンダー平等

ジェンダー平等のプログラムは、ジェンダー平等を阻む構造的な障壁に立ち向かうとともに、女性の経済的な自立を可能とする能力強化と社会の意思決定におけるリーダーシップを強化している。日本を含む多くの国でＳＤＧｓの達成に最も不可欠なのは、ＳＤＧ５「ジェンダーの平等」である。Ｕ

NDPの開発実務者として二〇年近くにわたる私の過去の経験から、女性のエンパワーメントを開発プログラムの中心に据えた場合、対象となるコミュニティは計画された成果の達成に最も成功することがはっきりと現れた。

具体例を挙げてみよう。アフリカの女性たちは、早期結婚という習慣のために、教育や医療へのアクセス、ビジネスでの成功などの機会を奪われることが多い。チャドでは、同国の政治指導者、女性支援団体、国連の奮闘努力の結果、政府が一八歳未満の強制結婚を禁止する法律を導入した。

また二〇一六年、UNDPは"Accelerating Gender Equality and Women's Empowerment in Africa"と題するアフリカ人間開発報告書を発表した。[25]ジェンダーの不平等は、サハラ以南のアフリカに年平均九五〇億米ドルの損失を与えており、二〇一四年にはピークで一〇五〇億米ドルに達し、これは同地域のGDPの六%に相当する。『二〇一六年 アフリカ人間開発報告書』によると、これは包括的な人間開発と経済成長に向けたアフリカ大陸の取り組みを危うくしている。報告書は、アフリカ女性の発展を妨げる政治的、経済的、社会的要因を分析し、ジェンダー格差を是正するための政策と的確な行動を提案している。その中には、ジェンダー法における法的規定と実践の矛盾への対処、有害な

22 UNDP "Lake Chad Basin And Liptako Gourma Region Summary Report 2022" p.29
23 UNDP "Brief on COP27 Outcomes and Roadmap to COP28" p.13
24 二〇二三年二月二二日付朝日新聞デジタル『「気候危機」私たちにできることは？　国連専門官が語る二つの視点』で山角恵里氏のインタビューを掲載。
25 Africa Human Development Report 2016 https://www.undp.org/publications/africa-human-development-report-2016

社会規範の否定、差別的な制度設定の変革、女性の経済的・社会的・政治的参加の確保などが含まれる。資源、権力、富の不平等な分配や、ジェンダー不平等を助長する社会制度や規範といった根深い構造的障害が、アフリカ女性やアフリカ大陸の他の国々の足かせとなっている。報告書は、ジェンダーの不平等が一％増加するとその国の人間開発指数が〇・七五％低下すると推定している。

ＳＤＧｓの実施や政府の成長戦略において、同じ原則が日本にも当てはまる。医学部入試における女子受験生の差別的扱いなど、企業や学界でしばしば発覚する不公正な慣行は容認できない。育児の責任を女性だけに背負わせたり、人間生活にとっての家事の不可欠性を過小評価して、経済的価値の計算から見落とすというような不公平な認識は改めるべきである。このよ

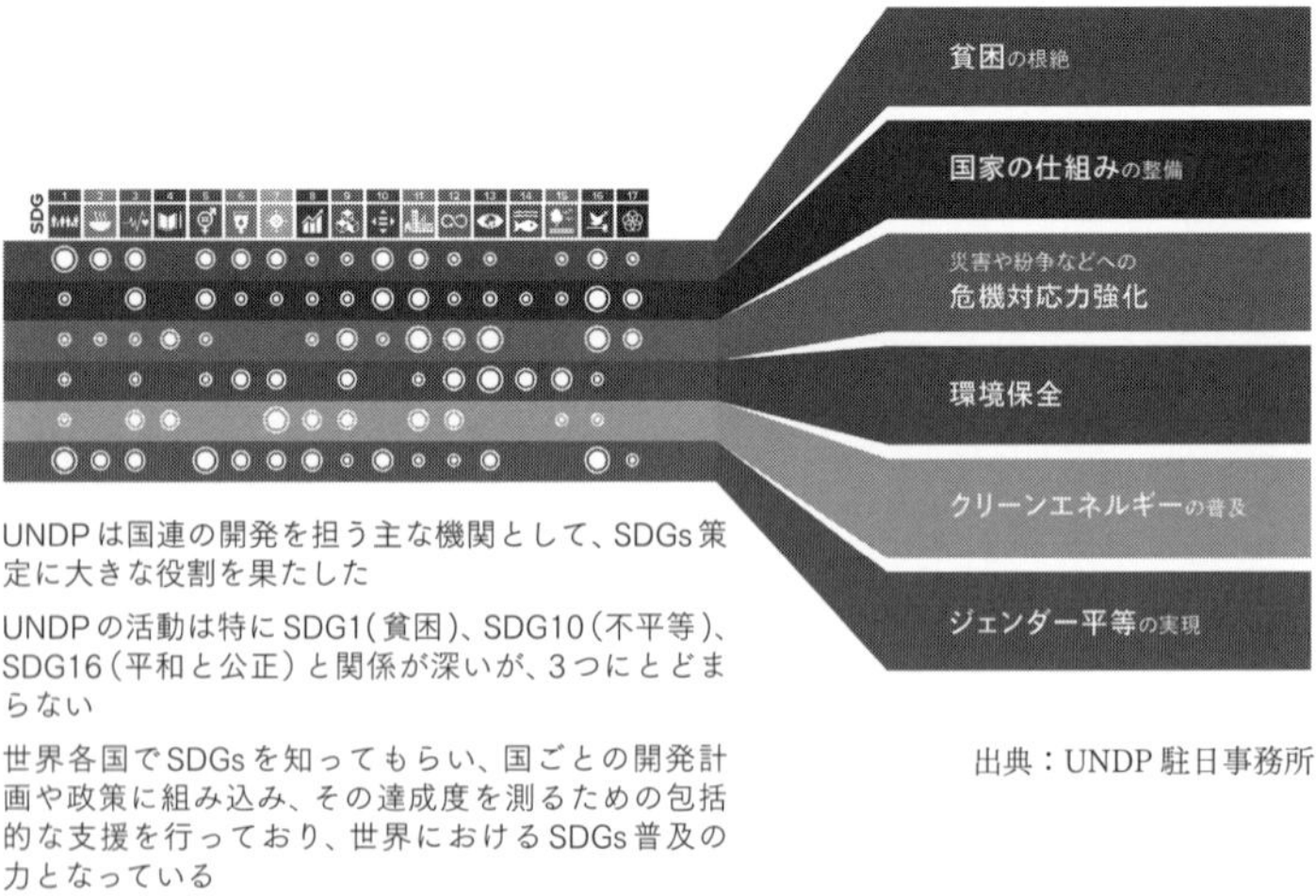

UNDPは国連の開発を担う主な機関として、SDGs策定に大きな役割を果たした
UNDPの活動は特にSDG1（貧困）、SDG10（不平等）、SDG16（平和と公正）と関係が深いが、3つにとどまらない
世界各国でSDGsを知ってもらい、国ごとの開発計画や政策に組み込み、その達成度を測るための包括的な支援を行っており、世界におけるSDGs普及の力となっている

出典：UNDP駐日事務所

図3：UNDPのシグナチャー・ソリューションとSDGsの関係

うな変革は、日本社会が出生率の低下とその結果としての人口ボーナスの喪失のリスクを軽減することを可能にするであろう。

このようにしてＵＮＤＰは、六つのテーマをめぐって現地の指導者や政府と協力し、貧困にあえぐ人々が事業を立ち上げ、経済状況を改善する機会を提供している。

また、それ以外にグローバルに展開している活動の一部を以下に挙げる。

南南協力

南南協力は、グローバル・サウスの人々や国同士の連帯として、国民生活の改善、国民的、集団的な自立、そしてＳＤＧｓを含む開発目標の達成に貢献するものであり、ＵＮＤＰの伝統的な支援メニューの一つである。近年の南南協力は、「連帯、公平性、パートナーシップ」をテーマとしている。特に同じ域内で、境界線のない気候変動や感染症のような問題に取り組むうえで、国境や境界を越えた協力は、効果的な解決策を見出すのに役立つ。

例えば、環境分野の南南協力として、スリランカ、中国、エチオピアのＵＮＤＰは、スリランカ政府、中国政府、エチオピア政府と共同で、ＴＳＳＣプロジェクトとして知られる南南協力の下、持続可能なエネルギーの利用に向けて農業産業の転換を図るプロジェクトを実施している。[26] このプロ

26 UNDP HP 2021 "Developing Local Capacities to Go Green" https://www.undp.org/srilanka/press-releases/developing-local-capacities-go-green

ジェクトは、スリランカが二〇三〇年までに温室効果ガス（ＧＨＧ）排出削減目標を達成するのを支援しながら、国際協力、サービス提供改善のためのエネルギーへのアクセス、持続可能な農業技術でＳＤＧｓに取り組んでいる。気候変動に関するパリ協定にコミットしているスリランカは、脱炭素化が進んでおり、経済的に非常に脆弱であるにもかかわらず、温室効果ガス排出量を一四・五％削減することを約束した。同国はまた、発電において再生可能エネルギー七〇％を達成する二〇三〇年目標を設定した。スリランカは二〇五〇年までにカーボン・ニュートラルを達成するため、石炭発電の全電力に占める割合を増やさないことを約束している。これらは、南南協力が主要な推進力となった例である。

人間開発報告書

一九九一年以来、ＵＮＤＰは毎年、人間開発に関するトピックや人間開発指数を含む「人間開発報告書」を発表している。人間の安全保障は、一九九四年に発行された人間開発報告書のテーマであり、東西冷戦後の「平和の配当」を活用して、人道支援や貧困削減を重視することを提唱した。[27] また、ジェンダー不平等指数は、女性のエンパワーメントが人間開発に大きなインパクトを与えることを検証する議論のトピックの一つである。

生物多様性資金イニシアティブ（ＢＩＯＦＩＮ）

ＢＩＯＦＩＮは、生物多様性を保護するためのエビデンスに基づく資金調達計画を策定し、実施するための協力を推進している。ＢＩＯＦＩＮは、生物多様性ファイナンスのための政策的・制度的背景を分析し、現在の生物多様性支出を測定し、将来の資金ニーズを評価し、国の生物多様性目標を達成するために最も適したファイナンスソリューションを特定するために、各国を導く革新的で適応可能な方法論を開発した。[28]

ＨＩＶ・国際保健プログラム

ＵＮＤＰは、ＨＩＶの蔓延により社会から置き去りにされている人々を支援し、開発におけるＨＩＶへの総合的な取り組みを進めてきた。これに加えて、二〇一三年以来、日本政府と協力して進めている「アクセスと提供（デリバリー）のためのパートナーシップ（ＡＤＰ）」は、結核、マラリア、顧みられない熱帯病に対するワクチン、医薬品、診断ツールといった救命医療技術への人々のアクセスを向上させるため、低・中所得国における政策、制度、システム、能力の強化に取り組んできた。これらの病気は、貧しい人々に加重な影響を与える病気といえる。このパートナーシップは、ＳＤＧｓのゴール３、ＵＮＤＰ戦略計画二〇二二―二〇二五、そして二〇二二年の日本の新しい世界保健

27　UNDP Human Development Report 1994 "New Dimensions of Human Security", https://hdr.undp.org/content/human-development-report-1994
28　UNDP HP "Creating sustainable finance solutions for people & planet."

戦略に反映されている共通の目標、すなわち、国の保健システムの強靭性を構築し、人間の安全保障の達成に向けた重要な手段としてユニバーサル・ヘルス・カバレッジを優先させることを目指している。ＵＮＤＰ、世界保健機関（ＷＨＯ）、熱帯病特別研究訓練プログラム、ＰＡＴＨといったＡＤＰの中核的パートナーは、国、地域、世界の関係者と協力しながら、成果を上げてきた。[29]

国連による開発活動の調整役

ＵＮＤＰは、国連事務総長が各国に配置しているその国の国連のトップである国連常駐調整官（Resident Coordinator）と緊密に協力して開発分野における国連の活動を主導する役割を果たしている。国連持続可能な開発グループ（ＵＮＳＤＧ）は、国レベルでの国連活動の調整と実施の効果を高めることを目的として一九九七年に国連事務総長によって設置された。ＵＮＳＤＧには、開発に携わる活動機関が集結しており、グループの議長は国連副事務総長が、副議長はＵＮＤＰ総裁が務めている。ＵＮＤＰはまた、同グループに事務局も提供している。

ＵＮＳＤＧでは、加盟機関が協力して各国の問題を分析し、支援戦略を立案し、支援プログラムを実施し、結果を監視し、改革を提唱できるようにするための方針と手続きを策定している。これらのイニシアティブは、持続可能な開発目標（ＳＤＧｓ）の達成を支援するうえで、国連の影響力を高めるものである。三七の国連機関がＵＮＳＤＧのメンバーである。執行委員会は、国連事務局経済社会局（ＤＥＳＡ）、ＵＮＤＰ、ユニセフ、国連人口基金（ＵＮＦＰＡ）、地域経済委員会（持ち回り）など計一五のメンバー機関が務めている。[30]

常駐調整官制度

ＵＮＤＰが他の国連機関とともに運営を支援している「常駐調整官（ＲＣ）制度」は、国際連合システムの全組織を調整し、現地で開発のための活動業務に取り組むものである。ＲＣシステムは、さまざまな国連機関を結束させ、国レベルでの活動効率と効果を高めることを目的としている。常駐調整官は、一三〇カ国以上で国連の国別チームを率いており、開発活動のための事務総長の代表である。各国政府と緊密に協力しながら、常駐調整官と国別チームは、国連ファミリー全体の支援と指導を活用し、国連の任務を遂行する。[31]

アクセラレーター・ラボ

ＵＮＤＰは世界九一カ所にＵＮＤＰアクセラレーター・ラボ（Accelerator Labs）を展開（活動対象は一一五カ国）し、現地の政府やさまざまな団体、そして企業と連携しながら、開発課題の新しい解決策を創出する活動を進めている。二〇二〇年からは、内閣府の拠出金を原資に、日本の民間企業

29 ＵＮＤＰ駐日代表事務所ＨＰ「新規医療技術のアクセスと提供に関するパートナーシップ」
30 “UN Sustainable Development Group”, https://unsdg.un.org/
31 “The UN Resident Coordinator system – an overview”, https://unsdg.un.org/resources/un-resident-coordinator-system-overview

と連携し、途上国の開発課題の解決策を創案する「Japan SDGs Innovation Challenge」を実施している。これは、アクセラレーター・ラボが特定した課題と、それに応える技術やアイデアを持つ日本の企業や団体を組み合わせ、現地のニーズに対応する解決策を協働で創造する新しい取り組みである。自社・自団体の強みを課題解決に生かしたい企業・団体や、ＳＤＧｓ達成に貢献したい企業・団体へ向け募集をかけ、活動の対象となる国やプロジェクトは、世界各国のアクセラレーター・ラボの提案に基づき選ばれる。連携する日本企業・団体も、公正なプロセスを通じて選考され、各プロジェクトに対してシードマネーとなる資金が付与され、各国の課題への対策になり得る解決策のモデルを共同開発・設計し、実証実験を進めている。[32]

ＵＮＤＰのリスクマネジメント

世界のさまざまな開発レベルの国々でのいろいろな社会通念やモラルの中で、一律に要求される国際的な基準を満たす透明性と説明責任を確保して活動するのは容易ではない。支出や収入などの資金管理、職員採用や待遇などの人事管理、物資やコンサルタント採用などの調達管理は、ＵＮＤＰの生命線である。これらの活動を不正や干渉から守るために、調達や採用などの決定には必ず多数の職員が関与して二重・三重のチェックが行われるように制度（インターナル・コントロール・フレームワーク）が設定されている。そのような厳しいチェック機能は、職員の高いモラルによって支えられており、職員は日常的にトレーニングの必須科目として不正やミスの防止について学ぶことが義務づけられている。[33]

国際機関のリスクマネジメントに関連して、私が外務省にいた時代にある国際機関のリスクマネジメントをめぐって日本が加盟国として大きな改革を提案して実現した経験についてお話ししたい。それは、一九九一年に行われたユネスコ改革であった。当時、ユネスコの放漫経営とプログラムの政治化に抗議して米国、英国、シンガポールがユネスコを脱退していた。その結果、日本が最大の分担金支払い国となっていた中、ユネスコの管理機関である執行委員会にもっと強い監督権限を与えるという内容だった。具体的には、それまで著名な文化人などによってユネスコを文化面でリードする人々を個人資格で執行委員に任命していたのを、真正の政府代表と差し替えることで予算、人事、プログラムなどのアカウンタビリティを確保することを目的としたユネスコ憲章の改正を行ったのである。当時、外務省でユネスコを担当していた三二歳の国連局（当時）外務事務官だった私は、このときの様子を読み物にして「外交フォーラム」という外務省が監修していた外交雑誌に寄稿した。

「言葉は悪いが日本が国連機関の場裏で「稀に見る」リーダーシップを発揮したユネスコ改革案であった。日本の国連に取り組む姿勢が注目され、その「やる気」が世界に認められた総会であった。（中略）いずれにしても、国連への日本の協力は、資金のみならず知恵を働かせて取り組んでいく時

32　UNDP HP "Accelerator Labs", https://www.undp.org/acceleratorlabs
33　UNDP HP "Internal Control Framework", https://popp.undp.org/policy-page/internal-control-framework

代にはいってきた。ユネスコ改革は、新しい国際秩序の中の日本が取り組んだ、一つの力試しであったように思う」[34]

今読み返すと何とも肩に力が入った記事で赤面するが、のちに国連に移って改めて感じたのは、やはり国連の創設者であり出資者である「加盟国」という存在が、自国の国民にわかるかたちで国際機関の健全でしかも革新的な運営を行うよう注意深く監督していることが、国連職員にとって何よりもありがたい元気の素であるということである。UNDPのリスクマネジメントのための諸制度も、そのような加盟国の声援があって構築されてきたものである。

Q5　人間の安全保障ってよく聞くのですが、UNDPとどういう関係があるのですか?

「人間の安全保障」の由来

UNDP、人間の安全保障、SDGsにおける日本の関与について見てみよう。

一九九四年、UNDPの「人間開発報告書」が発表され、「人間の安全保障」という新しい概念が導入された。人間の安全保障は、冷戦の終結により、軍事大国が大量破壊兵器を廃絶した結果、「平和の配当」が生まれたことから考え出された。人間の安全保障は、日本政府が政府開発援助(OD

A）の主要理念として推進してきた。SDGsの前身である「ミレニアム開発目標（MDGs）（二〇〇一～二〇一五）」[35]とSDGsの根幹をなすものとなった。これについては後述する。

MDGsの実施期間中に得られた教訓は、政府だけでなく、政治指導者、市民社会、学界、ビジネスリーダー、さらにはウェブアンケートを通じて一般市民にも広く検討された。広範な交渉の結果、一七の持続可能な開発目標（SDGs）と一六九のターゲットが設定された。SDGsを達成するためには、その特徴である「普遍性」「民間セクターの役割」「テクノロジー」に注目する必要がある。

人間の安全保障を国連から世界に展開した緒方貞子氏
提供：上智学院ソフィア・アーカイブズ

34 近藤哲生　一九九二年　外交フォーラム三月号 No.42「ユネスコ再生のために―日本が発揮したリーダーシップ」pp.85-91
35 外務省HP「ミレニアム開発目標（MDGs）」

まず、ＳＤＧｓの大きな特徴の一つは、「誰一人取り残さない」という普遍性の原則に体現されている。[36] ＳＤＧｓは貧困国だけでなく、先進国（極度の貧困から脱出するために支援を必要としている人々がいる場合）にとっても同様である。気候変動、海洋環境、グローバルヘルス、移民、難民問題など、人間の安全保障を脅かす問題は、一国の政府だけで解決できるものではなく、世界全体の介入が必要であることを知るべきである。さまざまな言語に翻訳された場合に生じるニュアンスの違いが影響したため、ＳＤＧｓの一七目標やその採択決議である「アジェンダ二〇三〇」のテキスト中に、「人間の安全保障」という字句は明示されてはいないが、一目見れば、「人類を貧困の恐怖及び欠乏の専制から解き放ち」との文言から、人間の安全保障が前提目標となっていることがわかる。[37]

第二に、二〇三〇年までにＳＤＧｓを達成するためには、ＯＤＡというかたちでの政府の対応だけではまったく不十分である。企業で働く人々、製品やサービスを購入する消費者、資金を提供する投資家など、民間セクターはＳＤＧｓの重要なステークホルダーである。その意味で、日本のビジネス・コンセプトである「提供者・購入者・地域社会がＷｉｎ－Ｗｉｎ－Ｗｉｎ」（「三方よし」）は、日本企業のビジネス行動における考え方を表しており、ＳＤＧｓの実施理念とも合致している。[38] ＵＮＤＰのアヒム・シュタイナー総裁は二〇一八年一一月に来日し、日本経済団体連合会（経団連）と覚書（ＭＯＵ）を締結した。このＭＯＵは、途上国がＳＤＧｓ達成のための解決策を得るのを支援するため、インパクトを明確に生み出すビジネス製品や慣行を特定するために、ＵＮＤＰと日本の経済団体との間の相互協力を促進することを目的としている。

第三に、人工知能（ＡＩ）に代表されるテクノロジーの進歩によって社会が急速に変化している今、私たちはあらゆる場面でビジネスを革新する努力を続けるべきである。科学技術は、ＳＤＧｓの進捗に合わせ、人々の生活に対する付加価値を明確にすべきである。金融技術（ＦｉｎＴｅｃｈ）、ヘルスケアの研究開発、生物化学技術、代替・再生可能エネルギー、リサイクル、環境保護などは、イノベーションの重要な分野である。これらのテクノロジーは、市場経済の発展を通じて、教育、医療、生活向上へのアクセス機会に対する障壁や排除を取り除くために利用されるべきである。このように、社会的結束と包括性は、新技術によって確保されるべきである。例えば、ケニアでは、仮想通貨「ＭＰＥＳＡ」が広く利用されており、銀行の支店までの距離が遠かったり、社会的な身分証明書がないせいで銀行サービスを利用できない人々のために、より広い範囲の金銭取引を可能にしている。

二〇三〇年までにＳＤＧｓを達成し、人々の生活の持続可能性と質を向上させるために、世界はＵＮＤＰをはじめとする国連開発機関が培ってきた豊富な開発経験に基づく変革的リーダーシップに細心の注意を払うべきである。重要なメッセージは、「誰一人取り残さず、最も遅れている人から手を差し伸べる」ことである。そして、社会の意思決定には、女性と若者の参加が不可欠であることに留意したい。

36　外務省ＨＰ「Japan SDGs Action Platform　ＳＤＧｓとは？」
37　外務省作成の仮訳　https://www.mofa.go.jp/mofaj/gaiko/oda/sdgs/pdf/000101402.pdf
38　経団連ＨＰ　二〇二二年「『企業行動憲章 実行の手引き』第九版の改訂について」

人新世の人間の安全保障

人間の安全保障の新たな脅威が顕在化する中、SDGs達成への道のりは長い。SDGsが二〇一五年に国連で採択されてから七年が経過し、期限の二〇三〇年まであと七年という中間地点を二〇二三年に迎えた。しかし、世界は未曽有の感染症に見舞われ、さらにアフガニスタン、ミャンマー、イエメン、ウクライナ、中東地域などでは深刻な人権侵害や紛争が再燃している。世界はまた、気候変動や格差の拡大など、数多くの脅威に見舞われている。

こうした中、UNDPは二〇二二年二月、「人間の安全保障～さらなる連帯で立ち向かうとき～」に関する特別報告書をあらためて発表した。この報告書のキーワードは、「人間の安全保障」という言葉の再検討である。[39] 二〇二二年九月には、「人間開発報告書二〇二一―二〇二二　不確実な時代の不安

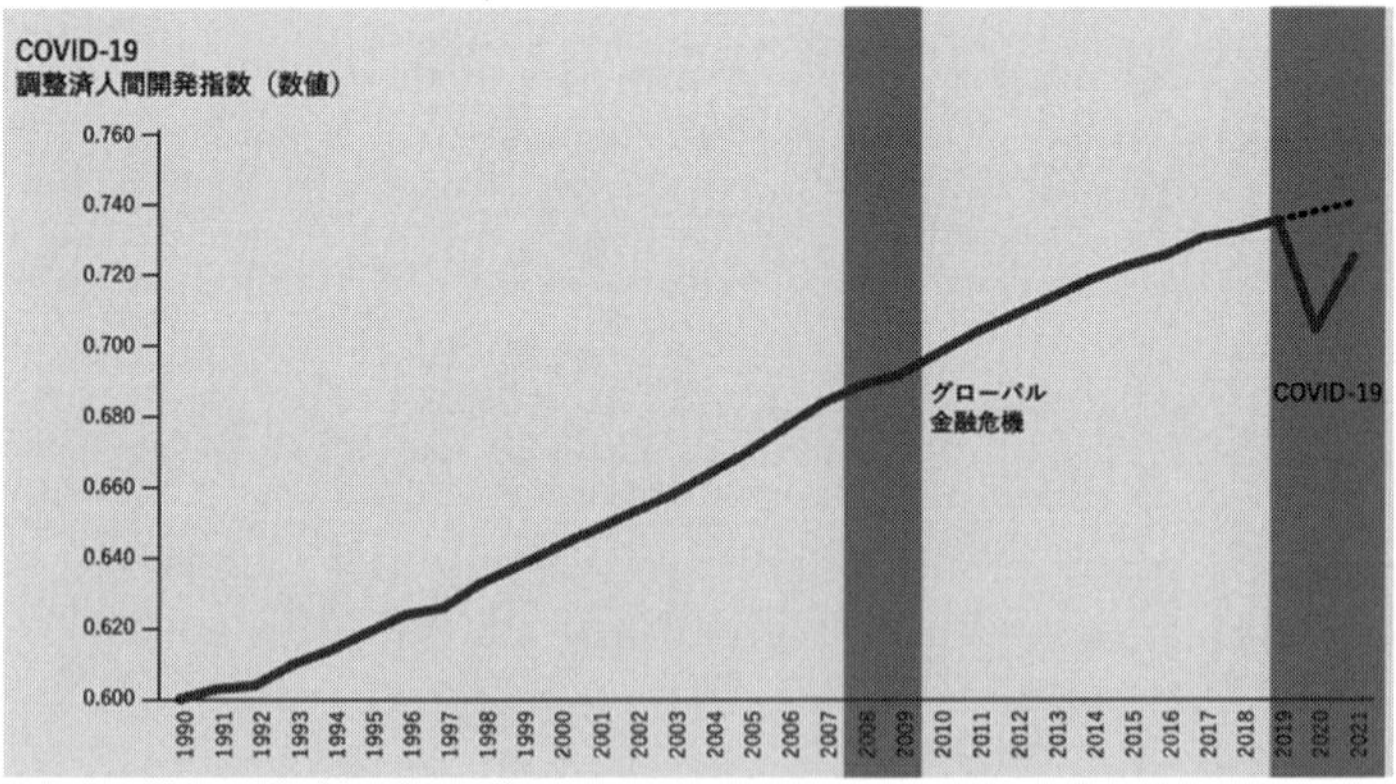

出典：2022 年 UNDP 特別報告書・人新世の人間の安全保障

図４：グローバルな人間開発指数の推移（1990 ～ 2021 年）

定な暮らし：激動の世界で未来を形づくる（Uncertain Times, Unsettled Lives: Shaping our Future in a Transforming World）」を発表した。こちらは、不確実性が幾重にも重なり合い、絡み合うことによって、これまでにないかたちで暮らしが不安定になっているのではないかと論じている。[40] 私の国連キャリアの最後に関わったこれらの報告書の内容も踏まえながら、日本が、そして世界が直面する新たな人間の安全保障の脅威にどう向き合い、どう克服してＳＤＧｓの達成を目指していくべきかをテーマとして話を進めていきたい。

この問題は私が最も伝えたいことなので、後半で詳しく述べる。

Ｑ６　日本のすごいところは何ですか？　日本は、国連の中でどんな国として見られているのですか？

東日本大震災から三年目の日本に帰国して

国連から見ていると、加盟国の中でも日本にはたくさんの優れた点があるが、中でも災害からの復

39　ＵＮＤＰ　二〇二二年「人新世の時代における人間の安全保障への新たな脅威　より大きな連帯を求めて　概要」
https://hdr.undp.org/system/files/documents/srhs2022overviewjppdf.pdf

40　ＵＮＤＰ　二〇二二年「ＵＮＤＰ報告書：度重なる危機により、世界の九割の国で人間開発が後退と警告」
https://www.undp.org/ja/japan/press-releases/Uncertain-Times-Unsettled-Lives

興と被害から防災の知恵を学んで社会に普及させることにおいては、特にすごいと思う。日本にいるととても頻繁に経験するのは、大きな地震と台風などの気象災害である。国連は、国際的な防災のための取り組みについて国際協力を進めるために「国連防災世界会議」をおおむね一〇年ごとにこれまで三回行ってきたが、その三回ともが日本で行われている。第一回は一九九四年五月二三―二七日に横浜で行われたが、奇しくもその翌年一月一七日に阪神淡路大震災が起きた。この地震では直接的には六四三四人が犠牲となったが、近畿圏の広い地域の市街地で甚大な被害が出て、人口が密集する近代都市を襲った直下型地震として世界中に衝撃を与えた。

そしてこの震災からの復興努力の成果を踏まえて、一〇年後の二〇〇五年に行われた第二回国連防災世界会議は、その発災地である兵庫県で開催された。

このように国連の世界会議が続けて同じ国で行われることは、本部施設のあるニューヨークやジュネーブなどの例を除けばまれであるが、何と第三回国連防災世界会議も日本で開催されることになったのだ。いうまでもなく、二〇一一年三月一一日の東日本大震災とそれによる津波で二万二二一五人が犠牲となり、福島第一原子力発電所の事故が起きて、広い地域に放射能汚染をもたらし、処理水の海洋放出がいまだに国際社会の一部の国々にとって懸念となっている。この災害による犠牲者への追悼と復興への願いは世界の人々の思いを一つにして、第三回国連防災世界会議も発災地である仙台市で行われたのである。

世界は、日本が度重なる震災に襲われてきたこと、そしてそのたびに人々が一丸となって被災地の復興に当たってきた様子を見て、自然災害に立ち向かう姿勢を日本から学ぶことが大切だと考えていた様子がうかがわれる。そして、そのことは、防災という分野を超えてより広く人類全体の連帯をもたらすことになった。

私は、二〇一四年一月にＵＮＤＰ駐日代表としてチャドから帰国して着任したとき、二〇一一年から三年目を経た東北の被災地のために何かできないだろうかと考え、国連で同僚だった陸前高田市出身の村上清ＵＮＨＣＲ元人事部長と連絡をとり、日本にあるいくつかの国連機関の所長グループのメンバーとともに市民の方々を励ますために陸前高田市を訪問した。震災前に人口二万四〇〇〇人あまりだった陸前高田市の市民の七・二パーセントに当たる一七五七人の方が犠牲になった。私たちを出迎えてくださった市役所の職員や復興作業に当

2014年　陸前高田市でかさ上げ工事に使われたベルトコンベアー　著者撮影

たっていた方々の表情は固く、家族や友人を亡くされた悲しみが誰の心にも重く降り積もっていた。街には、大きなベルトコンベアーが設置されていて、隣接する山を崩した土砂を旧市街地に運び、街のかさ上げを行う工事が粛々と行われていた。

被災されたどの方の話を伺っても、津波が襲ったときのわずかな居場所の違いで命が助かった人と犠牲となった人の明暗を分けた様子が、まだとても運命などという言葉で片付けられないやり場のない思いとともに語られた。もう二度と災害で命を落とす人を出したくないという思いに駆られて語られたそのような数多くの体験を、日本が国際社会に提供する被災の教訓として発信[41]することは、国連に課せられた重要な使命の一つだと強く感じた私は、他の国連機関の長たちとも相談して、二〇一五年三月に予定されていた第三回国連防災世界会議を、被災して生存された住民の方々の思いで成功させることを誓った。

Q7　ＳＤＧｓと防災の関係について教えてください。

ＳＤＧｓをめぐる先進国とグローバル・サウスの意見対立

唐突ないい方だが、国連でＳＤＧｓについて合意することができたのは、「被災者の思い」が重なったからだと考えている。

ＳＤＧｓは、知られているとおり一七の目標、一六九のターゲット、二三五あまりの指標で到達状況を計測する国際目標だが、この目標を国際的に合意するのは容易ではなかった。国連での加盟国間の交渉は、さまざまな利害を背景としているため、一九三カ国のすべてが無条件に全会一致で合意できることはほとんどないといってよい。二〇〇〇年のミレニアム総会に始まった人類共通の開発目標を設定しての国際協力を行う習慣は、国連総会や経済社会理事会での交渉を経験してきた者にとっては夢のような話であった。

加盟国間の利害の対立にはさまざまな要因があるが、開発の面では、経済協力開発機構（ＯＥＣＤ）に加盟している先進国と、現在はグローバル・サウスと呼ばれている開発途上国の間の交渉が最も典型的な対立構造だ。これには、主に一九六〇年代に独立した多くの旧植民地だった新興国が、旧宗主国に対して長年の資源や労働力の搾取の代償として政府開発援助（ＯＤＡ）を無償で提供することを求めていることが背景にある。この結果として、何らかの課題に取り組むことを目的として国連の会議で採択される決議などの合意文書には、必ずといってよいほど、先進国による費用負担の拠出を求める条項を加えることがグローバル・サウス側から要求されるが、先進国の各国政府はそのいいなりになって潤沢な援助資金を提供できるほどお金持ちの国など、もはや存在しない。日本をはじめ

41　第三回国連防災世界会議の成果の一つとして、二〇一五年、東北大学災害科学国際研究所・ＵＮＤＰ・富士通株式会社のパートナーシップで災害統計グローバルセンターのデータベース構築プロジェクトが行われた。https://www.tohoku.ac.jp/japanese/2017/03/press20170309-03.html

とする先進国は、かつてはさまざまな理由から資金提供を積極的に行ってきたが、どの国も深刻な財政難を抱えており、ない袖は振れないのが実情である。[42]

ＳＤＧｓを達成するのに必要な資金は、年間五～七兆ドルとも試算されており、[43] これをすべてＯＤＡで賄うことは到底できない。ＳＤＧｓの達成には政府だけでなく民間企業によるビジネスを通じた資金調達が必要であることは明白であり、それが前段階の目標であったＭＤＧｓとの違いでもあった。

ＳＤＧｓの採択文書である「アジェンダ二〇三〇」では、ＳＤＧｓの達成は「すべての国、すべてのステークホルダー及びすべての人の参加を得て」目標を達成すると述べ[44]られており、ＳＤＧｓを達成するための実施手段（means of implementation）についての条項が書かれている。ＳＤＧｓの交渉プロセスである政府間交渉（オープン・エンド・ワーキング・グループ）においても、この実施手段の一つである「技術移転」（パラグラフ四一）の項目は、アジェンダ二〇三〇の文案交渉の中で、先進国と途上国の間の対立が最もはなはだしかった項目の一つであり、どちらかが妥協して最終合意に到達する望みが薄いと見られていた。

仙台防災会議がＳＤＧｓの合意に果たした役割についての私見

この交渉が実を結んだ背景には、二〇一五年三月に仙台市で開催された第三回国連防災世界会議での交渉が大きく作用している。前述のように、東日本大震災からちょうど四年目に当たるこの時期に行われた会議は、復興半ばの発災地に追悼の意も込めて出席するためか、国連本部以外で行われる国連の会議としては異例の規模となった。国連加盟国一八五カ国から首脳級二五名を含む一〇〇名以上の閣僚をはじめ、国際機関代表、ＮＧＯ、各国メディアなど、計六五〇〇人以上が本会議に出席し、また会場周辺で行われた関連行事なども含めると、延べ一五万人以上の人々が国内外から参加し、日本で行われた国連の会議としては史上最大級のものとなった。

本会議と並行して行われた仙台防災枠組起草委員会では、文書の各条項が順次採択されていったが、やはり、開発途上国が災害リスクを削減するための取り組みに必要な先進国からの「技術移転」に関する交渉が難航を極めていた。

通常、こうした国際会議では、ホストとなる自治体などが中心となって華やかな開会・閉会式展が催されるが、とりわけこの会議には日本政府が大きな力を入れて、開会式には天皇皇后両陛下、首相、国連事務総長をはじめ世界中の要人が出席した。また、会議の最終日となった三月一八日には、午前中までにすべての議題を終えて閉会し、午後には地元仙台の小学生などが参加するパレードが予定されていた。

42　紀谷昌彦他　二〇一九年「私たちが国際協力する理由」（日本評論社）
43　一般社団法人全国銀行協会　二〇一九年「ＳＤＧｓに金融はどう向き合うか」
44　外務省ＨＰ　二〇一五年「我々の世界を変革する：持続可能な開発のための二〇三〇アジェンダ（仮訳）」https://www.mofa.go.jp/mofaj/files/000101402.pdf

ところが、会議の成功にとって不可欠な成果文書である「仙台防災枠組」[45]の文書の交渉が難航していたため、会議が予定どおり閉会できず、本会議の終了は同日の夜遅くまでずれ込んでしまったのだ。各国代表と会うのを楽しみにしていたパレードに参加予定だった子供たちにはとても申し訳ない気持ちだった。

最初に、事務局が主にグローバル・サウス（当時、国連の交渉グループを指す名称として、G77と呼ばれた）の意見を基に、防災のための「技術移転」は先進国から途上国に無償で行われるといった規定が提案されていたのに対し、米国をはじめとする先進国グループが会議最終局面で「待った」をかけた。この文書に合意してワシントンに帰ったら、技術を開発した民間企業から、政府が勝手に無償提供を約束したとして訴えられる。従って、技術の提供は市場価格で行うという内容の修正案を示したのだ。これを受けたグローバル・サウス側は、それでは何のために国王や大統領自らがはるばる仙台にやって来たのかわからない。技術の無償提供が不可能なら、この会議は決裂だと強く反発して強行姿勢に出た。

この技術移転の費用負担に関する同様の問題は、ニューヨークで行われていたアジェンダ二〇三〇の交渉でも同じ交渉官たちの俎上に乗っており、双方とも簡単に妥協するわけにはいかなかった。

双方がにらみ合う中、時間は過ぎ、やがて時間切れとされる東京行き東北新幹線の最終列車にぎりぎり間に合う時間まで続いた。各国代表団が本国やニューヨーク、ジュネーブなどに戻るための航空便が翌朝には出発してしまうので、翌日への持ち越しは無理だった。そして街のパレードの準備は日没を過ぎてとっくに片付けられてしまっている。

そのような中、主催国日本の代表として議長を務めていた外務省の大使が双方の交渉担当者を呼んで提示したのが、技術移転は、「相互に同意された譲許的優遇的な条件で」行われるというフレーズであった。無償ではなく対価は支払われるが、いったん提供された技術の使用は自由に行えるし、価格も優遇されたものとする、いってみれば「ポイントは特別にいつもの倍お付けします」というような文句である。

このフレーズを含んだ文書に仮合意して、各国代表は新幹線や飛行機に飛び乗ったのである。実際、私はこの日の最終列車で東京に戻ったが、仙台駅の新幹線ホーム上では、顔馴染みのアフリカグループの各国交渉官たちが輪になって大声で議論している姿が見られた。先進国の代表団もこれに本当に合意してよいのかどうか、心中穏やかではなかったようである。しかし、会議は終わり、この一文が仙台防災枠組として成立した。

そして、ニューヨークでその後数カ月後に採択された、ＳＤＧｓ採択のためのアジェンダ二〇三〇の「実施手段」の条項においても、この同じ文言がそのまま維持されて採用され、今世紀の人類にとって最も重要な文書の一つであるＳＤＧｓが採択された。

これは私のうがった見方かもしれないが、もしこの第三回国連防災世界会議が東日本大震災から年

45　外務省ＨＰ　二〇一五年「仙台防災枠組　二〇一五―二〇三〇（仮訳）」
https://www.mofa.go.jp/mofaj/files/000081166.pdf

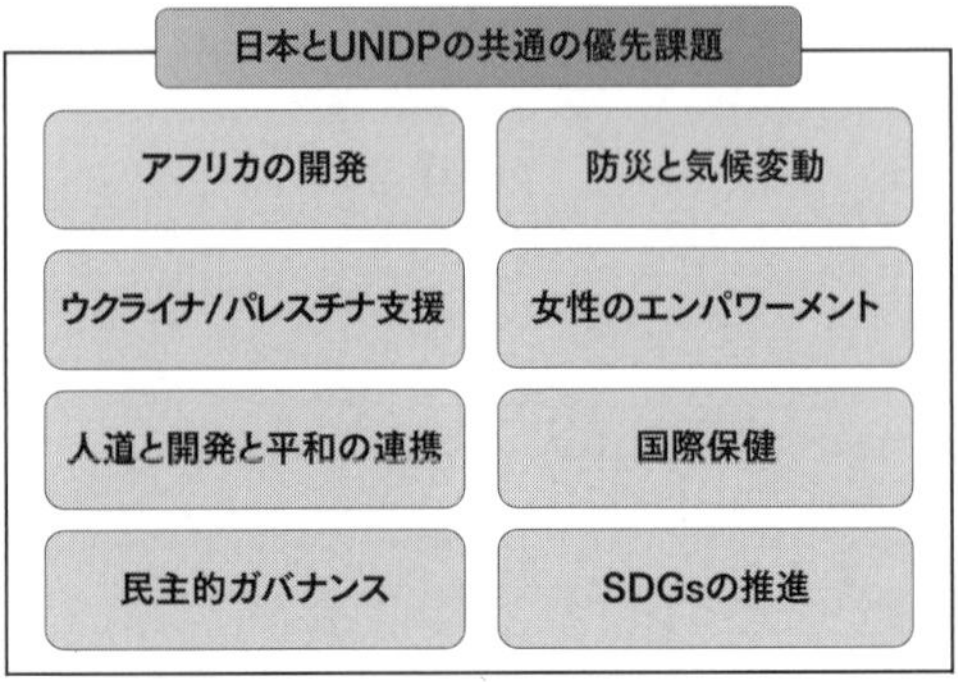

図５：日本とUNDPの連携

月の経っていない日本の、それも震災発災地の東北地方である仙台で行われていなかったら、仙台防災枠組は合意されていなかったかもしれない。そして、その結果として交渉が難航したアジェンダ二〇三〇[46]も合意されていたかどうか疑わしいと私は感じた。

日本は、自然災害が多く幾多の震災や台風災害から不屈の忍耐と国民の連帯で復興を成し遂げてきた。そして、その復興は被災された方々自らの不撓《ふとう》のリーダーシップによって成し遂げられ、防災への備えも世界の中で最も徹底している国の一つである。そのような国が再度の大災害から立ち上がってきて、被災者の方々が世界の人々にこのような目に二度と遭ってほしくないと強く願う中で日本が三回にわたって主催した国連防災世界会議は、日本という国のすごさを象徴しているかのように思えてならない。[47]

46 ＳＤＧｓの交渉が難航した状況は、南博・稲場雅紀　二〇二〇年「ＳＤＧｓ・危機の時代の羅針盤」（岩波新書）に詳しい。
47 外務省ＨＰ　二〇一五年「第三回国連防災世界会議」
https://www.mofa.go.jp/mofaj/ic/gic/page3_001128.html

第４章　平和構築の現場

（いろいろ聞いていると、どうも平和な場所での仕事ばかりではなさそうだ。戦争をしているところに行って働くって想像もつかないけど、近藤先生はどうしてそんなところばかりへ行って、どうやってサバイバルしてきたんだろうか？　興味がある。）

Q8　紛争地域で仕事をしたときの最大の苦労は何ですか？　紛争地域で勤務するとき、家族はどうしていたのですか？

戦争時の国連機関

「戦争は人の心の中で生まれるものであるから、人の心の中に平和のとりでを築かなければならない」というユネスコ憲章の前文の言葉は有名だが、[48]私が外務省や国連で働いてきた中で、「この瞬間

48　山下邦明　二〇二二年『国際協力・国際機関人材育成シリーズ『心の中に平和のとりでを築く』に魅せられて―ユネスコを通して出会った人々との軌跡五〇年―』（上智大学国際協力人材育成センター監修、国際協力ジャーナル社発行）

安全保障理事会　UN Photo / Loey Felipe

に戦争が生まれたな」と感じたときがいくつかあった。私が感じたところでは、戦争は「始める」もの、「始まる」ものというより、ある時点で「生まれる」ものだというこのユネスコ憲章の言葉は、正鵠《せいこく》を射ている。そして、それを「終わらせる」のは容易なことではない。

国連職員をしていると、責任の度合いが重くなればなるほど、朝起きて新聞やテレビのニュースを見るのが怖くなると思う。世界のどこかで続いている数多くの紛争が昨日から今朝にかけてどうなったのか、新たに戦闘で人が亡くなったのか。二〇二二年の二月にロシアのウクライナ侵攻が始まったときなど、ロシア当局は、これは戦争ではない、単なる訓練のための特殊軍事行動であると述べていた。しかし、戦争が生まれる条件はすべて揃っていたことから、メディアも各国政府も当初からロシアの行動は侵略戦争だと気づいていたであろう。かつてのように、最後通牒《ちょう》を提示して、求めた回答の期限を過ぎたので宣戦を布告するというようなわかりやすい行動をとる国はもはやあまりない。

ウクライナ戦争の見通しについては別の機会に考えたいが、私が目撃した武力紛争の多くは、国連に転職する前に外務省で配属されていた国連代表部で安全保障理事会を担当していたときのものだった。過去に紛争が起きて和平プロセスや戦後復興のために国連が関与した国では、必ず国連機関が情報を集めてさまざまなかたちで紛争が再発するのをなるべく早く察知するために「早期警戒体制」を敷いている。その情報は、すぐさま国連本部に伝達され、必要があると安保理メンバー国が非公式協議に集められて事務局からのブリーフィングが行われる。

そして、多くの理事国が同意すれば公式協議の開催を決め、決議案や議長声明を起草するための専門家会合が始まる。もっとも、常任理事国が一カ国でも反対すれば、「拒否権の行使」とされそれらは否決される。それでも、多くの場合、この時点で現地では多くの人々が戦火に見舞われ、家を焼かれ、命を落としている。安保理決議に紛争当事国との関係や自分の国内で起きている人権問題などに気兼ねして反対票を投じた国は、それは内政問題で国連が介入すべきではないとシラを切るが、国連の人道支援機関、NGOや国際赤十字は現地で本格的な人命救助・保護活動をとっくの昔に始めているのが常である。[49]

49　倉井高志　二〇二二年「世界と日本を目覚めさせたウクライナの『覚悟』」（PHP研究所）p.152

また、メディアの報道も重要である。ジャーナリストたちは戦乱地にいち早く到着して取材を始めるプロ中のプロであり、彼らが目にするのは、こんなにひどいことが起きている、子供や女性がひどい目に遭っている、それなのに住民を助けなければならない行政も機能していないし、国際社会の支援も十分に届いていないという現実である。

9.11 同時多発テロ　　写真：ロイター／アフロ

UNDPの対応

私がいたUNDPも、危機状態を察知するとすぐに現地の国事務所と連絡をとり、一刻も早く現地に到着して現場のスタッフたちと仕事を始める体制をとっている。

このように、いつも紛争の現場で最初の判断に苦労するのは、いつの時点で自分や自分が担当しているプログラムのスタッフが現地に入って、すでに現地で奮闘している他の国連機関や人道機関に加わるかである。出遅れはその後の活動にとって致命的なミスとなる。

私が外務省の国連代表部からＵＮＤＰの本部に出向しておよそ半年あまりが過ぎた二〇〇一年九月一一日、それは明らかに世界に新たな戦争が生まれた日だった。そのような日は、決して忘れることはない。そして、今思い出しても恐怖がよみがえり身の毛がよだつ。二棟の超高層ビルに体当たりした旅客機のテレビ映像を見て、最初は何が起きたかわからなかったが、やがてそれがアフガニスタンに拠点を置く国際テロリストの仕業であったとの報道が流れるや、これでこの世界は戦争の世の中に変わってしまったという不安と恐怖が心の中に広がっていった。

世界貿易センタービルで犠牲になった方々の中には、知り合いも数多く含まれていた[50]。私が住んでいたニューヨーク郊外のウェストチェスター郡には、マンハッタンに通勤する人が多く、この事件でいろいろなかたちで生活に影響を受けたが、このとき、日本社会では当時あまり想像できないほどの地域住民や行政の方々の被災者に対するさまざまな支援が行われた。妻も小学校に通う子供たちの保護者としてそのような支援の活動を目の当たりにした。そこで、深い心の傷を負った被災者をケアするためのマニュアルや専門家の行き届いた対応には心底心を打たれたと語っていた。そして、これからの紛争や災害など不確実な世界を生き延びるためには、心理ケアの専門知識が必要だと考えた。

50　外務省ＨＰ　二〇〇一年「米国同時多発テロの発生と国際テロリズムとの闘い」
https://www.mofa.go.jp/mofaj/gaiko/bluebook/2002/gaikou/html/honpen/chap01_02_01.html

次の任地となるタイのバンコクでは、妻がたまたま知り合った、日本人の心のケアの電話相談のボランティア活動の主催者に誘われ、相談員として参加する機会があった。その経験をとおして心のケアの重要性についてさらに実感した。その後、私が家族同伴不可の東ティモールの人道支援に派遣されたタイミングで妻は帰国し、日本の大学院で臨床心理学専攻の課程を修了したのち、臨床心理士（のちに公認心理師）の資格を取得して心理カウンセラーとしての職業人生を歩み始めることになった。

戦争が生まれた日

私が「戦争が生まれた日」を目の当たりにした模様を回想してみる。この九・一一事件の当日、私は外務省勤務時代に患った胃がんの手術後の五年目予後健診のために帰国して東京の大学病院で検査を受けていた。夜のニュースの時間、マンハッタンの世界貿易センタービルに飛行機がぶつかったという速報が入り、中継画面が流れ始めたが、どんな状況で飛行機がビルに衝突したのかその時点では定かな情報がなく、カメラが煙の出ているビルの壁面を延々と映し続けるうち、ツインタワーのもう一つのビルにさらに別の旅客機が突っ込む様子が流れた。私は頭の中が真っ白になりながらニュースの説明を聞くと、その時点で多くの旅客機がハイジャックされていたらしい。そして、あれよあれよという間に地上一一〇階建のツインタワーが崩れ落ちてゆくのが映った。

全身に衝撃を受けた私は、急いでニューヨークの自宅に電話をしたが、すでに回線が混み合ってつながらない状態だった。

この翌日に日本をたってニューヨークに戻る予定だったが、世界中の都市に向かうフライトはすべてキャンセルされ、空の便は一時完全に麻痺した。このとき知ったのだが、世界中で飛んでいるすべての飛行機が着陸して地上で待機するには飛行場の広さの合計は足りないという。そのためか、数時間すると北米便以外のフライトは徐々に再開していったが、日本からニューヨークに向かう便は数日間途絶えたままだった。約一週間後、ようやく出発便の席が確保できたためニューヨークに向かったが、ジョン・F・ケネディ空港に着陸する直前にマンハッタン島の先端部分からまだ煙が上がっている様子が見られたのを覚えている。

UNDP本部の職場に戻ると、事件当日に職場にいた人々の間ではまだ衝撃の余韻が残り、近親者や友人が事件に巻き込まれた人々に弔意を述べる日が続いた。日本外務省からUNDPに来て約半年が経ち、国連組織の各部局の動きがわかってきた頃だったが、九月下旬に入ってきたジュネーブの国連人道問題調整事務所（OCHA）の情報共有メールが目に留まった。それによると、アメリカ軍による対アフガニスタン空爆が翌一〇月七日に始まる見通しだという趣旨のことが書いてあった。別に部外秘といった扱いのメールでもなかったが、アメリカ、日本のいずれの新聞やテレビでもその見通しを伝える報道は見たことがなかったので、出向者だった私にとっていわば「親元」の日本政府代表部の同僚に、「こんな情報入ってる?」と電話で聞いてみた。すると、国連大使ご自身から間もなく電話が入り、「それは重要なので東京に伝えておきたい」とのことだった。それが日本に攻撃開始予定日が伝わった第一報だったようだ。国連にいると今まで外務省では知らなかった情報の流れに入るのだということがわかった。

アフガニスタン復興支援国会合

そしてすぐに頭をよぎったのは、自分がかつて日本政府代表部で安保理担当だったときの経験からして、対テロ戦争という名の戦争が始まれば、空爆を行う米国をはじめとする多国籍軍への参加国はもとより、国際社会全体がその地域に住む住民の避難や爆撃で壊された街や住宅の復旧のために国連などを通じて復興支援を行うように要請が行われるということだった。そこで、当時のＵＮＤＰのマロック・ブラウン総裁をはじめ、関係者が集まった会議で、総裁などと相談して、そのための復興支援国会合を日本が主催する意志がないか打診することになり、その役目を任された。そこで再び外務省の同僚に連絡をとり、日本にアフガン支援で主導的役割を果たしてほしいというＵＮＤＰ内の声を伝えると、政府の中で好意的に検討されたようで、翌二〇〇二年一月の東京でのアフガニスタン復興支援国際会議開催につながった。

この会議[51]には、日本からは当時の小泉純一郎首相、アフガニスタン暫定行政機構からはハミード・カルザイ議長が出席、六一カ国および二一の国際機関から閣僚、代表レベルが出席し、緒方貞子前国連難民高等弁務官が米国、ＥＵおよびサウジ・アラビアの代表とともに共同議長を務めた。私もマロック・ブラウン総裁のアドバイザーとして東京入りし、早速、ＵＮＤＰ代表団一同で緒方議長を表敬した。このときまでにＵＮＤＰ、世界銀行、アジア開発銀行が共同で行った予備的ニーズ・アセスメント（復興需要調査）を基に急遽作成したアフガンおよび周辺国支援プログラムの提案書についてＵＮＤＰから緒方議長に説明した。すると、緒方議長は当時のＵＮＤＰの復興支援への関与は国連システム全体を代表して危機対応の初動である人道支援と、その後の長期的な開発の端緒となる復興支援は連続的なものでなければならず、両者の間に切れ目があってはいけないといつもいっている[52]。そのためにＵＮＤＰはもっと積極的に復興支援プロセス全体を牽引しなければならない、と檄を飛ばして私たちを叱咤された。

このときの緒方議長の一喝は、その後ＵＮＤＰはじめ国連が紛争後の復興支援に取り組むうえで、今のいい方をすれば「プッシュ型」の積極的な支援の主導を行うようになるきっかけともいえるものであった。平和の回復、構築、定着には未来の開発ビジョンをテーブルの上に据えて、これまで戦闘に従事してきた当事者から銃を回収し、戦争の被害を最もひどく受けた女性や子供たちの未来を描くものでなければならない。そして、行政機構の機能向上、女性の教育、保健・衛生、食料や水の安定的確保などを優先事項として復興計画を作ることが会議で合意された。

この会議ののち、五月には川口順子外務大臣がアフガニスタンを訪問して、実際にアフガニスタンの開発の課題であるイスラム立法機関（ロヤ・ジェルガ）の機能強化、教育、麻薬撲滅、兵士の武

51　外務省ＨＰ　二〇〇二年「アフガニスタン復興支援国際会議」
52　緒方貞子　二〇〇六年「紛争と難民・緒方貞子の回想」（集英社）

装・動員解除・社会復帰（DDR）などの支援推進に関する協議などを行った。[53]私も、UNDP職員として同時期に現地に出張して、日本をはじめとするドナー諸国の代表や現地の各国大使館と協力してDDRなど支援プログラムの実施チームに加わった。

その後アフガニスタンでは、二〇一四年にカルザイ大統領からガーニ大統領へ政権交代、同年末、国際治安支援部隊（ISAF）からアフガニスタン政府へ治安権限が移譲された。また、二〇二〇年二月米国とタリバーンの間で「和平合意」が成立し、ガーニ政権とタリバーンの間での交渉も行われたが、米軍の撤退に伴い、タリバーンは二〇二一年七月下旬から地方都市部への進攻を開始し、八月一五日にはあっという間に首都カブールを制圧、ガーニ政権は崩壊した。タリバーンによる女子教育の制限などから海外援助が抑制され、国連は住民が直接支援を受け取る方式をとっている。二〇一九年には長年アフガニスタンの復興に大きく貢献された中村哲医師がテロリストによる銃撃で亡くなったことは私たち国連職員にも大きな衝撃と悲しみを与えた。そして、長年続いたアフガニスタン支援の成果が大きく失われたことは、国連在職中に幾度も関わった私の人生の中でも最も辛い事実である。武力を背景として平和を回復しようとしても、残念ながら恒久的な平和を実現するのは限りなく困難であることを思い知った。

53　外務省HP　二〇〇二年「川口外務大臣のアフガニスタン訪問（概要と評価）」
https://www.mofa.go.jp/mofaj/kaidan/g_kawaguchi/gw02/afg0504.html

第５章　国際社会のアクターたち：外務省から国連にトラック・チェンジ

（私が生まれた何年か前に米国で同時多発テロがあったって話には聞いてたけど、こうして現場にいた人に改めて話を聞くと本当に大変だったんだなと怖くなる。でも、紛争や災害の復興支援って、外務省でもできるんじゃないかな。何で近藤さんは国連に移ったんだろう。）

Ｑ９　外務省と国連の一番の違いは何ですか？　どうして外務省を辞めたのですか？

外務省での仕事

外務省は、国際法上、主権国家を対外的に代表して外交使節の派遣や接受、外交政策の立案や実施、在外邦人の保護、国際協力を行う国家機関であり、どの国の政府にもほぼ必ずある役所である。その職員は、外交官として海外にある大使館や国際機関代表部などに派遣される。

私が学生時代に外務省の採用試験を受けようと思ったのは、ちょうど大学に入学した年、親しい「近所のお兄さん」が外務省に入省して海外研修に出発するところで、その話を聞いたことがきっかけとなった。東京都立大学の経済学部に入学した私は、将来の進路として商社や銀行などの民間企業に就職するか、研究者を目指して大学院に進学するのも場合によってはありかな、などと頭をよぎったが、基本的にはまったく普通の学部一年生だった。

それが、外務省に入った「近所のお兄さん」の口から聞いた、当たり前のようでいて普段はあまり聞くことのない「国家」や「国益」、そして「外交」や「戦略」という言葉が自然に出てくるのを聞いて、「自分は日本の国民で、日本は世界の一員である。外交官という職業を通して、自分は日本や世界の歴史の現場に立ち会うことができるかもしれない」という視点を生まれて初めて持った。そして、教えてもらったままに大学三年になると国際法や憲法学の勉強を始めて、外務省の専門職試験に臨み、一九八一年に外務省に就職した。

外務省の仕事は、国際法上の主権国家を代表する国家機関であるとはいっても、その前に国家公務員である。国家公務員のトップはいうまでもなく内閣総理大臣であり、外務省の職員であれば、その内閣の外務大臣が、いわば「社長」である。企業でいえば自分の勤める会社の社長は「政治家」であり、吉田茂のような職業外交官出身の政治家でない限り、外交の専門家ではない。そこで外務省職員は、自分が専門家として担当する外国や地域、国際機関などについては責任を持って日本を代表する知識と経験を身につけて仕事をすることが求められる。これは、どのような職業であっても同じであろうが、いわゆる「プロ意識」が必要である。

そのようなプロ意識を持って仕事に当たる一方で、実際の外交交渉で最終的に日本を代表できるのは、総理大臣や外務大臣などの政治家なのであり、その下で働く職員は、いわば全体の中の歯車の一つである。もっとも、どの歯車が欠けても全体に大きな影響を与えるので重要でやり甲斐のある仕事であることは間違いなく、私は転職した後も外務省の仕事が大好きであった。[54]

多国間外交と二国間外交

ところが、外交には大きく分けて日米外交、日中外交などの「二国間（バイラテラル）外交」と国連外交などの「多国間（マルチラテラル）外交」がある。外交官は国家公務員として国民の利益に資するために上司の命令に従って日本を代表するという点で両者に違いはない。ではあるものの、国連などの多国間交渉の場では、多くの国が共通の合意に達するためには交渉団長の大臣や大使などを補佐する若い交渉官が各国のカウンターパートの中でアイディア出しや調整を行わなければならない。その過程で、よく情報を集めて秀逸なアイディアを提供することができれば、たとえその場の行きがかりで思いついた合意案であっても、交渉会議の決定を大きく方向づける役割を負うことができる。どんなに若手でも重要な意思決定を担うチャンスがあるわけである。

私も、外務省時代にそのような場面に何度も遭遇し、実際に私が出したアイディアが国連の最終合意文書である決議に盛り込まれたことが数多くあった。もちろん、自分一人ですべてを担うことは不可能だ。一つのアイディアに過ぎなかった案を外務本省と相談し、場合によっては他の各省庁とも協

54　国連フォーラムＨＰ　二〇〇七年「国連職員ＮＯＷ！第三十回　近藤哲生さんＵＮＤＰコソボ副代表」
https://www.unforum.org/unstaff/30.html

議してもらったうえで、「本国からの訓令（指示）」として、交渉会議にフィードバックするかたちをとる。

自分は、このような若手でもチャンスがあれば重要な意思決定を左右できる多国間外交に興味を持ち、そのような部署への配置を希望するようになった。

Q10 国際社会には警察や判決に強制力のある裁判所がないのに、国際法って意味あるのですか？

国際法の存在意義

外交官が学ばなければならない必須の学問に「国際法」がある。国連職員も同様である。国際法とは、「国家間の関係を規律する法」であり、条約や覚書などの成分法の場合もあれば、慣習国際法といわれる成文化されていない法もある。成文化されているといっても、しょせんはその条約や覚書などの当事国のみが拘束されるものであり、国内法の憲法や刑法のようにすべての人が従わなければならないわけではない。

国連が活動するうえで、最も重要な法規範は国連憲章であり、そこに定められた紛争の平和的な解決義務や基本的人権の保障義務は、事実上、すべての国が尊重して履行しているとされ、一般国際法と呼ばれる。それでも、そのような法律に違反した場合に違反者の責任を追求して裁判を行ったり、罰則を適用するためには、そのために別途に事前の合意が必要であり、すべての国に当然に、そして強制的に責任を負わせ、罪に服させることはできない。しかし、国際法がなければ世界は大混乱するし、誰も置き去りにしないどころか、誰も安心して暮らせない世の中になってしまうであろう。

私は、このような国際法ができて適用されていく過程にいくつか外交官や国連職員として立ち合った。中でも、地球の大半を占める海洋の管轄権を定める一九八二年採択の「国連海洋法条約」[55]が一九九四年に発効したのち、日本がこの条約を急いで締結したときの外交交渉に携わったことは、稀有な経験だった。国連海洋法条約は、領海一二海里、排他的経済水域二〇〇海里、最大三五〇海里までの大陸棚資源の管轄権、公海の利用規則、隣接する国との管轄権が及ぶ海域の境界画定などについて定めている。いい方は適切ではないが、扱っている内容が国際紛争の主な原因となるテーマばかりである。従って、日本も複数の隣国と領土問題や境界画定問題を抱えている以上、速やかに締結する必要があった。

ところが、一九八二年に採択されたこの条約は、まさにグローバル・サウスの開発に必要な資金の提供を「深海底資源の開発」により生み出すことを条件として領海や排他的経済水域の幅を決めた経緯があり、しかもその資金を捻出する方法が公海の海底に沈む希少金属を採取して得た利益を配分

55　外務省ＨＰ　二〇二三年「海洋安全保障・海洋の国際法秩序と国連海洋法条約」

するという、まったくもって非現実的なアプローチだったため、厄介な条約であった。しかも、パッケージ・ディール、すなわち一部を留保して締結することはできないし、改正手続きも超絶ハードルが高いという内容で採択されたため、その非現実的な深海底資源の開発に関する条項をどう扱うかが問題となった。

結局、この交渉では一言でいえば、特定の条項は留保しないし改正もしないが、当面、実施しないことを意図する「実施協定」という付属の条約を作成したのである。この考え方はすべての締約国や、これから締結する国々に受け入れられ、多くの国が無事に国連海洋法条約本体を締結できた。[56] このようなアプローチを考え出したのは、各国代表団から有志で集まった数人の交渉関係者であるが、その一部が私を含む日本政府代表団であった。このアプローチが成功したとき、私は「まじか！」と感じたのをよく覚えている。一介の担当者たちが出したアイディアが世界を動かした一例である。この交渉を行った一九九四年当時の記録が、当時外務省職員として海洋専門誌に私が寄稿した文章に残されている。[57]

「表面的には、海洋法会議の当時、海洋法条約交渉の早期妥結を望むあまり、先進国側が不必要な譲歩をした結果条約第一一部（深海底）の規定が非現実的なものになってしまったとも見る向きがあるが、領海制度や、国際航行制度等の海洋利用国の利益を擁護し、沿岸国による管轄権の拡大傾向を制止するための交渉材料としてやむを得なかった面もあろう。また、七〇年代の石油ショックに象徴される天然資源の枯渇に対する危機意識に呼応した天然資源の国際管理の時代の幕開けであったといえよう。いずれにせよ、条約第一一部の規定は、先進国が条約に参加する道を塞いできた。（中略）海洋の包括的な法秩序を目指した国連海洋法条約という、扱う対象も交渉に要した期間もかつてない壮大なスケールの条約をめぐる難問解決のためにこれまで続けられてきた長い交渉が幕を閉じた。筆者（注：当時三四歳の私）も末席ながらこの歴史的局面に立ち合わせていただく中で、国際社会が解決困難な課題に直面したとき、問題解決のために日本がどのように貢献するかを見つめる各国の期待は、思いのほか大きいということを身をもって感じて帰国した次第である」[58]

この専門誌では、当時、日本の国際法学会を牽引されていた故山本草二先生（当時、上智大学法学部教授）の次のような見解も紹介されている。

「少し挑発的な言い方になりますが、条約の正式の発効を目前に控えて実施協定が作られ、これによって主要国の条約批准が促進されるでしょうし、そのこと自体は非常に慶賀すべきものです。だからといって条約全体が持っている革新的な特徴まで後退し修正されたとは言えないのではないか、と考えます。古くからの国際慣習法や一九五八年ジュネーブ海洋法四条約は、どちらかといえば、各国の既得権益を保証し、関係国の自己抑制により調整を図る、という性格でした。他方、今回の海洋法条約を作りあげる際には、現状変革というか、海洋の新しい利用・開発秩序を作り、その中で各

56　田中則夫　一九九六年　世界法年報第一五号「論説・国連海洋法条約第一一部 実施協定の採択」
57　近藤哲生　一九九三年「季刊海洋時報第七四号」（財団法人日本海洋協会）
58　同 pp.12-19

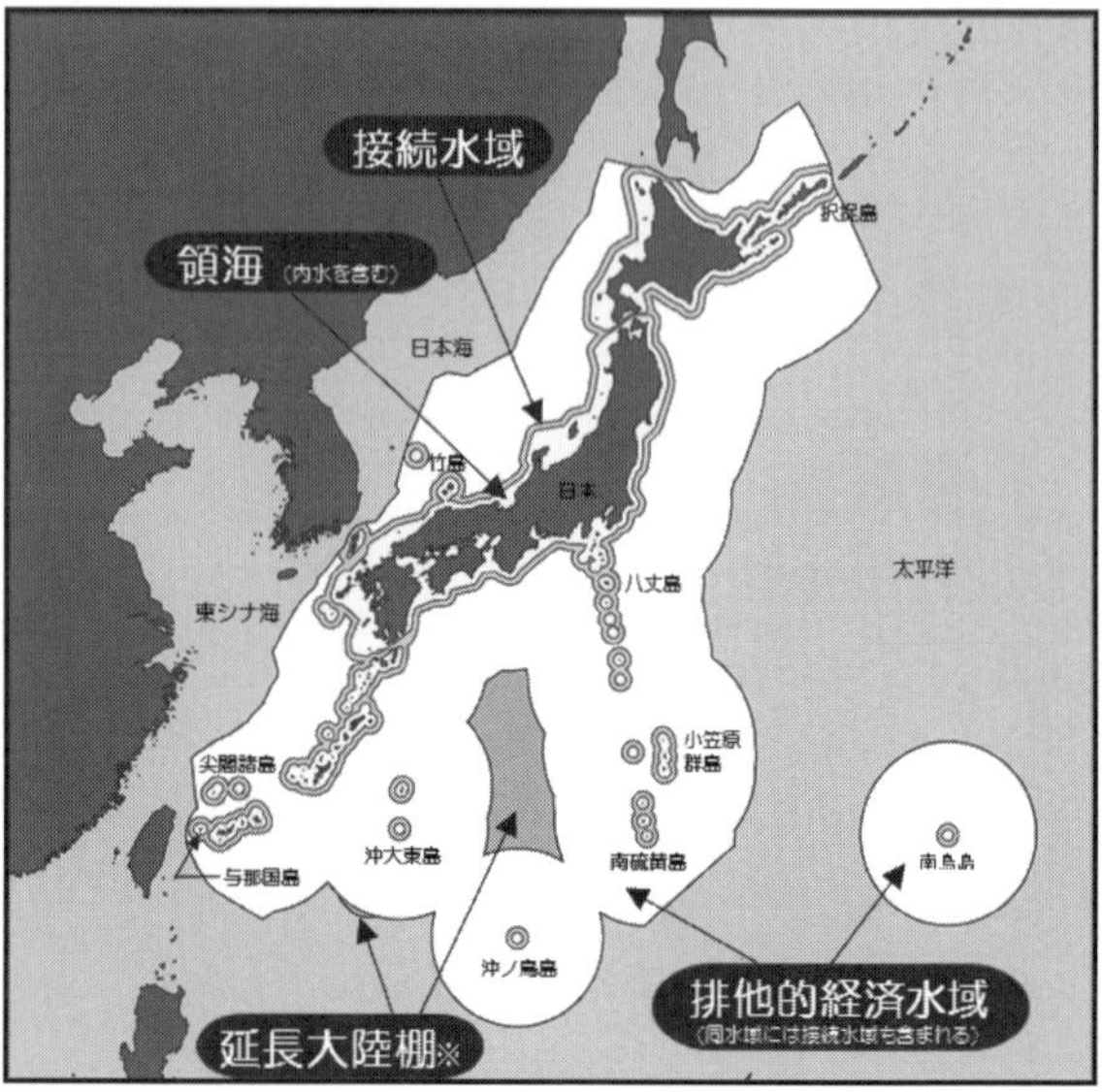

国連海洋法条約の規定に従って日本が管轄することとなった海域
世界第6位の面積を占める
海上保安庁ホームページ
https://www1.kaiho.mlit.go.jp/ryokai/ryokai_setsuzoku.html

国の行動基準を整えていこうという、未来志向の規範の形成の面が強かったと思います。その中で南北問題がらみのイデオロギーと結びついて一番突出していたのが深海底制度であった。それが今回、実施協定の採択により、かなり市場競争原理の方向に引き戻され深海底開発の国際制度としてなだらかになったと言えましょう。しかし、海洋法条約全体の現状変革的な要素はずうっと残り、さらに同条約の枠組みを越えて今後も推進されるだろう、と考えます。例えば海洋環境の保護や海上犯罪の取り締りについての新しい協力義務とか、二〇〇海里の外の航海漁業の規制です。わが国としてはこのような特徴を持つ海洋法条約の安定性をどう考えていたかが、問題になります」

この一九九四年の時点では、自分がその後ＵＮＤＰに入って、山本先生が指摘される「南北問題がらみのイデオロギー」と現場で向き合うための国連職員に転身するとは夢にも思っていなかった。しかし、この例が示すように、人々が紛争を回避し、「未来志向の規範の形成」を目指すためには、国際法という法規範によって「法の支配」を確立する必要性は明らかである。国際協力の分野で働くことを目指す人は、ぜひ、国際法の基礎について学んでみてほしい。ＡＩなどの技術進歩や感染症対策の分野など、予見不可能だが規律が必要な事象が国際社会にはいまだ数多く残されており、国連職員は加盟国と協力して平和、人権、開発による貧困削減などに取り組む必要がある。そのうえで、成分法であれ不文法であれ、国際法という法規範が存在しなかったら、世界は回らないと考えてよいと思っている。他にも国際交渉の場で自分が思わぬ役割を果たした例がいくつかあったが、またの機会に紹介したい。

第6章　世界で現実に起きていたこと1：中東、イラク復興支援

（国連や外務省の話を聞いていると、やっぱり現場経験って大事だよなって思う。開発や復興の現場のことを聞いてみたい。）

Q11　フィールドで働く魅力とは？　今までで一番好きだった任地はどこですか？

イラク戦争と復興支援

普通なら自分ではどうしようもないとしか思えない課題について、苦労しつつも自分が考えて行動せざるを得ないのが国連職員の仕事の醍醐味だと考える。それを最初に経験したのが二〇〇三年にイラク支援のために働いたヨルダンのアンマンにあった国連のオフィスだった。

ＵＮＤＰ本部でアフガン支援の業務をするうち、米国が今度はイラクのサダム・フセイン大統領が国連の要求する大量破壊兵器の開発と保有に関する査察を受け入れず、アルカイダなどのテロ集団を支援していることを理由に、二〇〇三年三月二〇日に英国などとの多国籍軍を組んでバグダッドに対

する空爆を開始した。このイラク戦争は、翌月四月九日に短期間でフセイン大統領一派の逃走により終結し、五月二二日に安保理が採択した決議一四三八によって米国および英国が主導して運営される連合暫定施政当局（Coalition Provisional Authority：ＣＰＡ）がイラクを統治した。ＣＰＡは直ちに新憲法を起草して、イラクの国民が民主的で自由・公正な選挙を行って自らの政府を樹立するよう支援した。[59]

ところが、フセイン政権が倒れると、それまで封印されていた民族対立や宗教対立が表面化し、武装勢力と化して国内での武力対立が始まり、治安が著しく悪化した。私の身近な人々もこのときに命を落とした。八月一九日にバグダッドの国連オフィスが爆破されてセルジオ・デメロ国連事務総長特別代表をはじめ合計二一名の国連職員が殉職したのだ。さらに、一一月二九日にはイラクの復興支援のために日本政府を代表して現地入りしていた、私と同じ年に外務省に入った奥克彦在英国大使館参事官とそのチームにおられた井ノ上正盛書記官が、現地スタッフとともに乗っていた乗用車に銃撃を受けて亡くなった。私の生き方を大きく変えた出来事だった。

このような現地情勢の悪化と同時に、国際社会はイラク復興支援の協議を重ね、一〇月二四日にマドリッドで行われたイラク復興国際会議でイラクを「失敗国家」にしないための支援プランに対して総額三三〇億ドルの資金提供が表明され、国連と世界銀行を受け皿とするイラク復興信託基金の設

59　山下光　二〇〇四年『防衛研究所紀要』第七巻第一号 pp.52-103

立が決まった。私は、奥克彦大使（殉職により昇進）が担おうとしていた、復興支援プロジェクトの作成業務を国連と世界銀行の現地事務所と協力して行うため、UNDPから現地国連イラク支援団（UNAMI）[60]に派遣されることになった。ただし、治安が極端に悪化したイラク国内に、国連職員が一度に滞在できる人数は限られており、輪番で短期間バグダッド入りする仕組みになり、主な業務は隣国のヨルダンで行われた。

私は、翌二〇〇四年に約一〇カ月ほどヨルダンで仕事をしていたが、結局私が現地入りする順番が回ってくる前に任期が終わったため、私自身がバグダッドに行くことはなかった。中東地域での生活は初めて経験した。アラビア語はまったく学んだ経験がなかったが、国連の仕事はおおむね世界中どこでも英語が堪能なその国のナショナルスタッフ（現地採用職員）がいて、インターナショナルスタッフ（国際職員）を助けてくれる。国連の公用語は、英語、仏語、スペイン語、中国語、アラビア語、ロシア語の六カ国語だが、このうち英語、仏語、スペイン語が公式言語と定められており、英語以外に仏語かスペイン語のいずれかが使えると採用にも有利といわれている。ただし、国連の活動が集中する紛争国や自然災害被災国、そしてその周辺国ではこれら以外の言葉への需要が当然に高まる。例えば、私がいたコソボは、アルバニア語とセルビア語ができればさらに仕事の深みが増すし、東ティモールではポルトガル語ができる人は政府のリーダーたちとの親密なやりとりができた。

従って、働きやすい国という意味では自分が外務省時代に語学研修に派遣されたのがフランスだったため、フランス語圏であるアフリカのチャドでは現地でのコミュニケーションが支障なくできたことが奏功して仕事がはかどった面がある。

また、ヨルダンには数多くの名所旧跡がある。聖書に登場するような、死海、ネボ山、マダバなどの聖地、アドベンチャー映画「インディ・ジョーンズ」の撮影も行われたペトラ遺跡、六五〇〇年前の街並みを彷彿とさせるジェラシュ遺跡、中東戦争の背景に思いが及ぶ映画「アラビアのロレンス」の舞台となったワディ・ラムや紅海に面したアカバ港などなど。世界史の淵源を感じるような一生に一度は訪れてみたい土地である。命を奪われた同僚たちのご冥福をお祈りしながら、歴史上、世界で最も戦いの多かった地域で過ごした。

アンマンではＵＮＡＭＩの上級顧問、イラク復興信託基金事務局の事務局長として、国連諸機関や世界銀行とイラク復興支援のプロジェクトを作成し、実施の管理を行っていた。この間の一年足らずの期間は、ニューヨークに家族を残してきたため一人で生活していた。毎日報告されるイラクの人道状況や軍事情報、政府樹立プロセスの進捗などをフォローしながらバグダッドのグリーン・ゾーンにある国連事務所で爆弾テロの危険と隣り合わせで働く同僚たちと連絡をとりながらの仕事である。その合間を縫って、せっかくの人類史発祥の地にいるチャンスを生かして、あちこちを訪れて回ることができたのは幸運だった。

二〇〇四年一〇月一三日には、東京でイラク復興信託基金ドナー委員会第三回拡大会合が行われ、

60　国連広報センターＨＰ　二〇〇七年「国連イラク支援団（ＵＮＡＭＩ）」

基金事務局長としてイラクのサーレハ副首相、マロック・ブラウンUNDP総裁らとともに東京に戻り、会合の事務局を担当した。この会議では、国連、世銀からイラク復興支援の進捗について報告を行い、私のイラク支援の任務は終了した。

そして次の現場へ：戦争の次は自然災害

ヨルダンでのイラク支援の仕事を終えてニューヨークに戻った二〇〇四年も暮れようとする一二月末、安全保障理事会の会議を傍聴するために国連本部会議棟に入ろうとしたとき、ロビーにあったテレビが映していたニュースを見て唖然とした。インドネシア・スマトラ沖で起きたマグニチュード九・〇の大地震によって大規模な津波が発生し、インド洋沿岸国が軒並み深刻な被害に見舞われたのだ。

2004年　津波に襲われたタイのプーケットに立つUNDPの代表　　UNDP撮影

この地震と津波による被災者は一二〇万人、死者および行方不明者は三〇万人に及んだ。この未曾有の大災害に対し、国際社会も全力での支援活動を展開し、各国や国際機関、ＮＧＯなどによる緊急援助物資の輸送、医療チームの派遣が一斉に行われた。[61] 国連は統一緊急支援アピールを発出し、ＵＮＤＰもこれに応じて現地に支援チームを派遣、私もその一員に加わった。そして配置されたのはタイのバンコクだった。

バンコクには、ＵＮＤＰのアジア太平洋地域センターがあり、北はモンゴルから南はインドネシア、東は太平洋の島嶼《しょ》国から西はイランまでをカバーして各国にあるＵＮＤＰ国事務所のプログラム形成支援を行っていた。

派遣されてしばらくは津波の災害に見舞われた地域の支援事業に全力で当たり、息つく間もない緊張が続いたが、落ち着くにつれて、紛争の続く中東から、アジアに戻って来た安堵感と、微笑みとホスピタリティの文化を持つタイのお国柄のおかげか、また、ヨルダン勤務中離れていた家族との合流にも安心したのかホッと一息つく時期があった。翌二〇〇四年二月末には、それまで外務省から派遣された出向者の身分だったのを、長年お世話になった外務省を退職し、名実ともにＵＮＤＰ職員として生きていく道を選んだのだった。

61　内閣府防災情報のページ　二〇〇五年「平成一七年版防災白書第一部第四章一―二　インドネシア・スマトラ島沖大規模地震及びインド洋津波」

第7章　世界で現実に起きていたこと2：アジア・太平洋、インド洋津波復興支援

（国連って、国際的に中立な立場で紛争や災害からの復興支援をするのに不可欠なのはわかった。でも、国連と協力するのは、政府だけなのだろうか。近藤さんは政府から国連に転職したみたいだけど、企業やＮＧＯだって人助けの活動をしていると思う。そういう団体と国連は一緒に働くことはないのかな。）

Q12　国連は民間企業とどのような協力関係を持つのですか？　民間企業で働いていても国連に応募できますか？

国連と企業の連携で津波被害からの復興を支援

国連は、加盟国政府が合意した国連憲章に従って活動するので憲章第七一条にある民間団体、すなわち開発、貧困、平和、人道、環境などのグローバルな問題に取り組む非政府非営利組織と協議を行うための取り決めを結ぶことなどが想定されている。しかし、営利企業が国連と連携して活動するこ

2004年　インド洋スマトラ沖大地震の津波被害　UNDP撮影

とは、当然想定されていなかった。それが最近では、企業の社会的責任、責任投資原則、ESG投資など、差し迫ったグローバルな課題に取り組み、持続可能な開発を促進するという国連の責任を果たすうえで、民間セクターとのパートナーシップは不可欠となっている。

二〇〇四年一二月のインド洋スマトラ沖地震と津波の被害を受けた諸国の復興支援チームに加わってニューヨークからバンコクに派遣された私の最初の仕事は、国連による復興支援活動に民間企業の参加を拡大することだった。国連の活動への企業による支援自体は、ユニセフがその活動資金の多くを民間からの寄付によって生み出していることにも明らかなように、早くから行われている。

ＵＮＤＰも津波被災地の復興支援のための資金として、このような民間企業からの資金提供を増やすことが重要と考えて、これまでアフガニスタンやイラクの戦後復興のためのドナー国政府からのファンドレイジングを主に担当してきた私に、UNDPの正規職員となって最初の仕事としてこの民間企業との連携に関する業務を担当させたのである。

このときに最も甚大な被害を受けたのは、インドネシアのアチェであった。非常に保守的なイスラム教徒が多く住んでいたこの町では、津波で約二〇万人の住民が犠牲になった。そこで大活躍したのが、コカ・コーラ社であった。通常、洪水や津波などが襲った被災地では、上下水道が破壊され、ときには汚水が混ざった水を生活に使うようなケースも見られ、感染症などの健康被害を受ける被災者が出る心配があった。それを察知したコカ・コーラ社は、いつもは清涼飲料の出荷のための生産ラインを急遽飲料水を提供するために活用し、避難者に届けた。その結果、アチェでは汚水を感染源とする伝染病などは出なかった。このことについて、バンコク地域センターを訪問されたコカ・コーラ本社のCEOにお礼を伝えると、何と、同社からの手弁当による出向で若い優秀な社員を一年間派遣してくださり、UNDPの仕事を応援してくれたのである。[62]

また、マイクロソフト社は、UNDPなど国連機関が活動するための財務や調達などのオンラインシステムを無料で導入したり、マッキンゼー社は、支援物資の配布やインフラ提供に関するプロジェクトの進捗管理のノウハウを戦略コンサルティング業務の傍ら、被災国の政府に提供するなどした。

日本の企業にもバンコク商工会議所などを通じて声をかけ、協力を呼びかけたが、この時期の日本企業は、一部が経団連を通じて国際赤十字委員会、ユニセフやUNHCRに寄付を行う慣例があったものの、国連の開発機関を通じて自社の本業の知識や技術を被災者に提供するという発想はあまり見られなかった。そのため、バンコクに支社を置く日本企業はどこに聞いても、「もう赤十字を通じて寄付しました」と答えるばかりで、ＵＮＤＰが進める国連と企業の連携について話を聞いてくれる人はほとんどいなかった。

　そのような中で、たまたま日本大使館が主催した行事の席で知り合った日本の大手損害保険会社の駐在員の方と話すうち、国連との連携は企業にとっても会社の評判や社員の士気高揚にも意味があるのではないかと考えて東京の本社と連絡をとってくださったのだ。すると、本社の経営陣がこれだけ大きな自然災害であったにもかかわらず、保険加入者からの保険求償率が非常に小さかったということを問題視し、折りしも現地に損害保険制度そのものをもっと普及させる試みが必要なのではないかというアイデアが検討されていたという。一時帰国した私はその検討の席に呼ばれ、被害状況を説明したところ、その場でスリランカの商工会議所に会社が経費を負担して損害保険設計の専門家を派遣し、現地の漁業組合や旅客輸送組合に損害保険についての研修を行うことが決まった。この活動は、同国の防災事業の一環としてＵＮＤＰの企業連携プロジェクトとして行われることになった。

62　UN-OCHA, Reliefweb 2006, "South Asia: Public-private partnerships provide Tsunami relief and reconstruction - A deepening collaboration" https://reliefweb.int/report/indonesia/south-asia-public-private-partnerships-provide-tsunami-relief-and-reconstruction

国連の官民連携のルール

このように、私の国連正規職員最初の任務である国連と民間企業との連携構築プログラムは、徐々にかたちとなっていったが、国連と民間企業との連携で気をつけなければならないのは、国連が事業遂行のために行う調達で物品やサービスの納入企業として受注目的で入札に参加する企業が寄付を行う場合には、寄付が企業選定においてその企業に有利に働くことに疑念が呈される恐れがあるということである。

また、国連が民間企業の寄付を受ける際には、厳格な審査（Due Diligence）が必要であり、例えば児童労働、労働基本権を軽視する経営、環境保護のための基準を軽視した事業を行っているような企業との連携はできない。さらに、酒類およびタバコの製造販売、カジノ経営などギャンブル、ポルノの興行や出版に関わることを事業内容に含む企業ともお付き合いはできない。また、軍需産業に関係がある場合もデュー・ディリジェンスをクリアできないことに留意すべきである。[63]

現在、ＳＤＧｓの時代にあって、国連と民間セクターのパートナーシップは著しく強固なものとなっており、気候変動への対応、ＳＤＧｓの達成、ビジネスと人権、人間の安全保障など責任あるビジネス慣行の推進が重視されている。

ここに至るまでには、時代の変遷とともにさまざまな企業の行動パターンが見られ、最初は一九五〇年代以降、慈善活動やコミュニティへの参画に重点を置く企業の社会的責任（ＣＳＲ）が認識された。また、二〇〇〇年に故コフィ・アナン事務総長（当時）の提唱により発足した国連グローバル・コンパクト[64]は、世界各国の企業経営者自らが国連事務総長と協定を結び、人権、労働基準、環境保護についての模範行動をとり、「人間の顔をしたグローバル市場」を目指すことを企業に呼びかけた。それによりミレニアム開発目標（ＭＤＧｓ）の貧困削減などからなる目標達成に貢献することを目指し、二〇〇四年のインド洋スマトラ沖地震被災地の復興支援に大手企業が参加した背景ともなった。現在、日本にも六〇〇社近い会員企業が生まれている。

また、二〇〇六年には国連責任投資原則（ＰＲＩ）が発足したが、これは投資の面で、日本の年金積立金管理運用独立行政法人（ＧＰＩＦ）をはじめとする機関投資家が、環境・社会・ガバナンス（ＥＳＧ）要素を投資判断に組み込むことを求めるものであった。[65]

そして、二〇一一年には、ハーバード大学のマイケル・ポーター教授とマーク・クレイマー教授が、社会の共通価値の創造（Creating Shared Values：ＣＳＶ）の概念を導入した。ＣＳＲからＣＳＶへというこの考え方は、企業が経済的価値を創造すると同時に、社会のニーズや課題にも対応することを目的として行動することを促しており、ＳＤＧｓ達成の主役は民間企業であるという考え方の

63　UNSDG 2017 “UNSDG Common Approach to Prospect Research and Due Diligence for Business Sector Partnerships” pp.9-15
64　グローバル・コンパクト・ネットワーク・ジャパンＨＰ　二〇二三年　https://www.ungcjn.org/index.html
65　Principles for Responsible Investment HP; https://www.unpri.org/

背景ともなっている。[66]

さらに、ＳＤＧｓに取り組むうえで、日本の経団連では、「企業行動憲章」として改めてＳＤＧｓへの取り組みを明記し、さらに企業が自社のビジネスモデルをグリーン経済など社会に直接ひもづく指標への貢献（インパクト）により自社の中核的使命を再定義する、いわゆる「パーパス」経営を呼びかけている。[67]

近年、「哲学界のロックスター」と称され、世界中の経済界から注目されているドイツの哲学者マルクス・ガブリエル氏は、「倫理資本主義」を提唱し、グローバル資本主義やデジタル至上主義に対する警鐘を鳴らしている。二〇二三年五月に来日したガブリエル氏の都内での講演を聴いたとき、大学で近代経済学を学んだ私は人類の進化を感じたといっても過言ではなかった。彼は、「人間が道徳的に行動するのであれば、道徳とは何かを知ることで、競争優位に立つことができる」と述べ、ＥＳＧやＰＲＩは経済活動のバリュー・チェーンにおいて新たな付加価値をもたらすものであり、同じ製品であってもそれらの付加価値が加わったものにはより高い競争力があると主張した。確かに、かつて大学で習ったケインズ経済学では生産は資本と労働の投入によって行われるとの前提だったが、今やＳＤＧｓの中で設定された分野の持続可能性、特に空気や水などの地球環境も企業が生産に使用する要素として有料化して計上し、ＳＤＧｓのコストに充てる必要を考えるべきかもしれない。

また、資本主義経済の限界を指摘し、今のままでＳＤＧｓを達成しようとするのは不可能であり、「ＳＤＧｓはまさに現代版『大衆のアヘン』である」[68]と考える学者もいる。国連が向き合う平和、人権、持続可能な開発のいずれもがこれらの新たな経済的合理性や倫理観の変容と密接に関係している。その結果として、国連の活動のあらゆる局面で民間企業との緊密な連携が鍵となってくると私は考えている。そのことからも、企業での専門性のある経験を持つ人が国連のポストに応募することはさまざまな部署で心から歓迎されるし、実際キャリアを持った職員は増える傾向にある。

66　Michael E. Porter and Mark R. Kramer, Harvard Business Review 2011 “Corporate Social Responsibility Creating Shared Value How to reinvent capitalism—and unleash a wave of innovation and growth”

67　経団連企業行動憲章実行の手引き（第九版）「八―一国内外の社会的課題について情報を収集し、企業のパーパス（存在意義）や経営理念、サステナビリティに関する優先課題などを踏まえ、社会貢献活動の目的や分野、活動領域、具体的な活動等を決定する。」pp.126-127

68　斎藤幸平　二〇二〇年「人新世の資本論」（集英社新書）p.3

パートナーシップ		SDGs ビジネス支援		SDGs ビジネス認証		
経団連 Keidanren Japan Business Federation	JICA/JETRO/経済同友会	SHIP/A-Labs	Youth Co:Lab YOUTH CO:LAB	SDG Impact SDG Impact	Business & Human Rights B+HR ACADEMY	Business Call to Action
SDGsに資するビジネス機会の発掘・マッチング	アフリカの社会課題解決	企業の技術を利用した世界の社会課題解決プログラム	若者の社会的起業支援プログラム	SDGsに資する投資や事業基準の策定・研修・認証	ビジネスと人権デューデリジェンス	ビジネス行動要請 (BCtA)
・2018年、経団連企業行動・CSR委員会と覚書の締結 ・SDGsの達成に資するアイディア・ビジネスの発掘・マッチング	・2019年TICAD7を契機に覚書締結 ・日本企業のアフリカ進出支援、イノベーション促進、ビジネスを通じた社会課題解決への貢献	・2016年Japan Innovation Network(JIN)と共同運営 ・2019年より内閣府の支援でUNDP A-Labsの特定した課題解決に向けて日本企業と連携	・2017年、Citi財団と共同で設立 ・アジア太平洋地域の若者によるSDGs達成に貢献する起業を支援 ・2019年度より日本SDGs起業家コンテストを開催	・SDGsに資する投資のガイドライン、世界基準の策定、それに適合した投資や事業の認証、それに向けた研修 ・SDGsに資する投資機会/課題の国別分析	・2022年、日本政府支援で17ヵ国でビジネスの人権基準の改善、人権デューデリジェンスの実施支援。	・2008年6つの開発機関・政府により発足 ・BoP層を対象に経済的・社会的利益の両立を目指すインクルーシブなビジネスモデルの促進

出典：UNDP 駐日事務所

図６：国連開発計画（UNDP）と民間セクターとの連携

第8章　UNDPの国事務所の仕事

（そうか、いったんは民間企業に就職して、そこで身についたスキルを使って国連で働くこともできるんだ。でも、どんなキャリアパスがあるんだろう。）

Q13　UNDPに入るためにどんな勉強をすればよいですか？　UNDPで働くのに役に立つスキルとは？

UNDPの仕事の特徴

二〇〇五年、インド洋沿岸で前年末に津波の被害を受けたインドネシア、タイ、スリラン

2005年　津波に襲われたモルジブの復興プロジェクトの支援に入る著者

カ、ミャンマー、モルジブ、インドなどの国にあるＵＮＤＰの国事務所は、復興支援のために新たに多くのプロジェクトを開始した。これらのプロジェクトは、災害や紛争などの危機に見舞われた国に対して、危機発生当初は、国際人道機関が提供する人命救助のための人道支援活動に関するものが多い。やがて時間の推移とともに復旧活動が進むにつれて、より長期的で持続可能な開発を目指すものに発展させていくことが必要となる。

このような復興から開発への移行を切れ目なく支援していくことは「コンティニュアム」や「ネクサス」と呼ばれるが、このような活動を可能にするのは、適切で効果的なプロジェクトの設計である。突発的な危機のただ中においてＵＮＤＰは開発支援とリソースを動員し、危機発生前の取り組みによって得られた開発の成果が完全に失われてしまうことのないよう、さらに危機発生前よりもよりよいコミュニティを構築するためのビジョンを持ち（ビルド・バック・ベター）、スピード感を持ってできる限り早期の復興実現に向けた支援を行う。現在では、ＵＮＤＰとしての支援メニューを揃えた「危機対応パッケージ」を提供している。これには、構造変革を目指すアプローチを基盤とした政府の対応能力の強化、危機の影響を受けている人々にとり重要な基本的サービスを現地アクターが提供するための支援、キャッシュ・フォー・ワーク（被災者自身が復興に貢献する仕事に従事することで現金報酬を得る）プログラム、雇用保障の仕組みを通じた給付金の支給、瓦礫《がれき》の処理、住宅とインフラの修復、その他の早期支援の取り組みなどが含まれる[69]。

UNDPは人道支援機関と手を携えながら、危機の直後から現場に入ってその対応に開発の視点を提供し、人道に関する関係機関間の調整委員会のメンバーとして、人道分野のカントリー・チームや関連クラスターのメンバーも務め、危機対応を支援するため、開発に関する専門性やネットワーク、能力、資金を提供するとともに、国内および国際的な調整システムと能力の連携強化を促すという重要な役割を果たす。また、必要に応じて、人道分野の各カントリー・チーム直属の早期復興クラスター部会や単発の作業部会の設置を支援することも多い。

プロジェクト・マネジメント

そこで必要となるのが、高度なプログラム管理、プロジェクト管理のスキルである。UNDPが実施するプロジェクトは、対象となる国の政府が行う自国の中・長期国家開発計画（インフラ整備五カ年計画など）の一環として行われなければならない。このような中・長期計画は、現地の国連諸機関国事務所が協力して作成する国連開発フレームワーク、世界銀行や地域開発銀行の国別プログラム、二国間協力機関（日本の国際協力機構＝JICAや欧州連合開発総局などの出先機関）が被援助国のオーナーシップを尊重する観点から、それぞれの機関の支援プロジェクトも調整しながら作成される。

UNDPの国事務所では、ガバナンス、貧困削減、環境、防災など、分野ごとの専門チームが政府

2005年 UNDPインド事務所のスタッフたちを応援する著者

との協議を経てプロジェクトを作成する。それらプロジェクトの実施のための費用は、UNDPがコア資金としてドナー国からあらかじめ受け取っている資金、特定のプロジェクトを実施するためにノン・コア資金としてその都度受け取る資金に加え、プログラム国の政府が自国の予算をUNDPに預けるかたちで提供する資金などがある。これらの資金は、出資する側からすれば、政府や非政府（NGO）の開発機関が提案するプロジェクトの中から最も効果が上がるものを比較したうえで選んでつけられるものなので、UNDPも他の機関と比較して、より質の高いプロジェクトを適正かつ公正に実施できる能力を持っていなければならない。

このような能力を常に高めていく努力におい

69　UNDP駐日代表事務所HP　二〇二二年「UNDPのクライシス・オファー（UNDPの包括的危機対策）」

て、最も重要なのは、優秀な職員を適材適所で採用することである。前述したように、国連が職員を採用するための要件は、一般的な基準として地理的多様性、最高水準の能力、誠実さなどが国連憲章で挙げられているが、よりプラクティカルには、紛争地域であれば生命の危険などのさまざまなプレッシャーの下で、しかも限られた期間でプロジェクトを実施して成功させる能力が必要とされる。そのような能力としては、高度な政治、経済、社会についての分析力、支援の対象となる人々のコミュニティとの関係構築に必要な外交、交渉力、コミュニケーション力を磨かなければならない。また、情報処理に不可欠なＩＴプロフィシェンシーも求められる。

とはいえ、これらの能力は国連に限らず、いずれもあらゆる組織のあらゆる職種でのビジネスシーンで必要とされるものであり、それらを身につけるために必要な知識やトレーニングの説明書、いわゆる自己啓発本が星の数ほど出版されているし、オンラインの各種コースもＹｏｕＴｕｂｅで有料・無料のものが利用可能である。私がＵＮＤＰで受けた職員トレーニングでは、人事部が「７つの習慣」（"Seven Habits of Highly Effective People"）の著作者であり一流のビジネス・トレーナーとして知られる故スティーブン・コヴィー氏を招いて講習が行われた。

この「７つの習慣」については、さまざまな解説本も出ており、今でも有効なビジネス指南書となっているので一度目を通すことをお勧めする。中でも私の印象に深く残っている考え方は、"Put First Things First"すなわち、「優先順位を考える」という習慣であった。どんな人でも仕事と私生活を含めた要処理事項リスト（To Do List）にあるものを分類すると、重要で緊急、重要だが緊急ではない、重要ではないが緊急、重要でも緊急でもない、という四つのカテゴリーに分けられる。この中で、重要で緊急なものから片付けるのは当然として、その次には重要だが緊急でないものに取りかかり、自分や会社にとって重要ではないが緊急なものはなるべく断ること。そしてチームを監督する立場にあるのなら仕事を委任する、つまり実行は任せるが責任はあくまで自分が取るというスタイルを心がける、といった考え方である。[70]

その他にもこの本にはビジネスのノウハウとして重要なアプローチが満載されているが、私が日本の国家公務員から転職してUNDPのプロパー職員として本格的に働きたいと考えた理由の一つとして、このようにして常に能力改善を図ることが基本業務の中に組み入れられていることに魅力を感じたことが大きかったと考えている。

また、より実践的なスキルとして求められるのが、プロジェクト・マネジメントである。開発機関や建設・運輸などのロジスティック系のビジネスでは、あらゆるプロジェクトを成功させるために必要なシステマティックな作業手順や管理体制の作り方が方法論としてまとめられたものを使用している。代表的なものが、"Project IN Controlled Environments 2"（PRINCE2：プリンス・ツー）や"Project Management Body of Knowledge"（PMBOK：ピンボック）などである。

70　スティーブン・R・コヴィー　二〇一五年「完訳7つの習慣　人格主義の回復」（キングベアー出版）

より効率的な開発支援を目指して

ＵＮＤＰがインド洋スマトラ沖地震・津波復興事業に関与したときは、全業務でＰＲＩＮＣＥ２[71]をビジネス・プロセスとして標準装備した時期であった。当時、ＵＮＤＰは、開発プロジェクトが所期の結果を挙げるために、より効果的かつ効率的に管理することに最大の優先順位を与えた。当時の評価や報告書によると、開発介入策の効果を向上させるためには、強力な管理能力、責任の明確な分担、独立した監視と監督が必要であることが示されている。ＵＮＤＰは、開発課題に対する解決策の構築と共有において開発途上国を支援する責任を負う国連のグローバル開発ネットワークとして、当時、世界一三〇カ国以上で六〇〇〇を超える開発プロジェクトに関与していた。各国政府とともにプロジェクトを計画し、実施するための仕組みとして、プログラムとプロジェクト管理ツールを政府とも共有して進捗と成果を見える化することを目指した。

二〇〇五年八月、プログラムとプロジェクトの管理慣行の改善を支援するため、ＵＮＤＰ利用ガイドの成果管理ガイド（Result Management Guide：ＲＭＧ）方針についての一連のプログラム方針をＵＮＤＰ管理局が発表した。このＲＭＧのプロセスベースの構造は、標準的なプロジェクト・マネジメントの手順であるＰＲＩＮＣＥ２に準拠して行われた。ＲＭＧは、ＵＮＤＰの事務所と各国のカウンターパートが、共通語彙を用いてより効果的かつ効率的にプロジェクトを計画、実施、監督できるよう、プロセスに基づく構造と政策の枠組みを提供することを目指した共通学習プロジェクトとして、すべての国事務所で実施された。私は、この学習トレーナーの一員として、アジア太平洋地域の各国国事務所を巡回してスタッフのトレーニングに当たった。

私が訪れたインドネシア、東ティモール、マレーシア、ミャンマー、ラオス、インド、スリランカなどの国事務所では、当時スタッフの大半がまだRMGによる方針とプロセスの変更に精通していなかったが、UNDPに採用されて働いているスタッフの能力（地頭・じあたま）はどこも極めて高く、短時間の座学による講義の後に行ったPRINCE2の基礎的な効果測定テストでは好成績を挙げた。その後、各国の調整官や代表などから寄せられた感想では、いずれもスタッフの仕事の手順や進め方が大きく改善して事務所の効率が上がり、ホスト国政府の省庁から褒められたという声が数多く寄せられた。

2005 年　UNDP ラオス事務所の不発弾処理プロジェクトを視察する著者

例を挙げると、PRINCE2では、プロジェクトの定義として、「一定の期間内に所与の資源（予算）で計画した変化を現実に起こすこと」ということになるが、それを確実にするため、プロジェクトの実施体制をまず

71　Asana 2023 HP "What is the PRINCE2 project management methodology?"

整える。それは、プロジェクト開始の要件となるプロジェクト・マンデートとビジネス・ケースについて、プロジェクトの対象として支援の対象となる人の代表、例えば政府の担当大臣から了承をもらったうえで、プロジェクト開始指示書（Project Initiation Document）を作成し、プロジェクト・マネージャーを指名する。そして、プロジェクト・マネージャーを監督するためにプロジェクト受益者代表、技術や資金などのプロジェクト資源提供者代表、執行責任者の三者からなるプロジェクト・ボードで審議し、合意した時点でプロジェクト・マネージャーにプロジェクトを開始させる。

ここで重要なのは、プロジェクト・マネージャーは必ず受益者の中から選ぶこととし、資源提供者（ドナー）から選んではならないということである。もしドナーがプロジェクトの日常的な実施管理を行うと、そのプロジェクトは決してうまくいかない。なぜならドナーは、あるプロジェクトの行程に使用する金額やプロジェクト完了時期（納期）を勝手に決めることができると考えがちだからである。私が訪れた国のいくつかでは、実際にドナーから派遣されたプロジェクト・マネージャーが実施を担当したプロジェクトが予算オーバーしたり、納期を守れなかったりして破綻している例があった。また、プロジェクト・マネジメントの心臓部ともいえるリスク管理についても、不十分な情報で不適切な判断を行ったために失敗している例も多かった。これらがなぜうまくいかなかったのかを論理的に理解してもらうことに努めたら、私たちのチームによる研修に参加した各国のスタッフたちは、それこそ国代表から施設管理人やドライバーに至るまで、仕事の進め方を点検し、事務所の効率を大きく高めていった。

ここに挙げた「7つの習慣」やPRINCE2は、ビジネス・パーソンが心得ておくべき基本的なスキルのほんの一例に過ぎないが、いわばプロフェッショナルとして与えられた権限と資源を使って期待された目標を達成しなければならない場合に基本となる考え方となろう。これ以外にも数多くの指南書が書店にあふれているが、基本は、“On time On budget Be innovative”(納期内予算内で革新的)に仕事をする、あるいはそれが不可能ならば始める前にはっきりとノーということ。そのためのノウハウを学ぶことである。

それに加えて、英語（と、もう一カ国語できればベター）、経済学、法学、社会学、情報学、国際関係論、あるいはSDGsの一七のいずれかのゴールに関係する学問分野、つまりどんな学問分野であっても国連が向き合わなければならない世界の課題に取り組むために必要なものを学び、その知識を、職業経験を通じて「ロケット・サイエンス」すなわち高度専門家のレベルまで高めることを目指したい。

第9章　平和と開発1：東ティモールの安定化を目指して

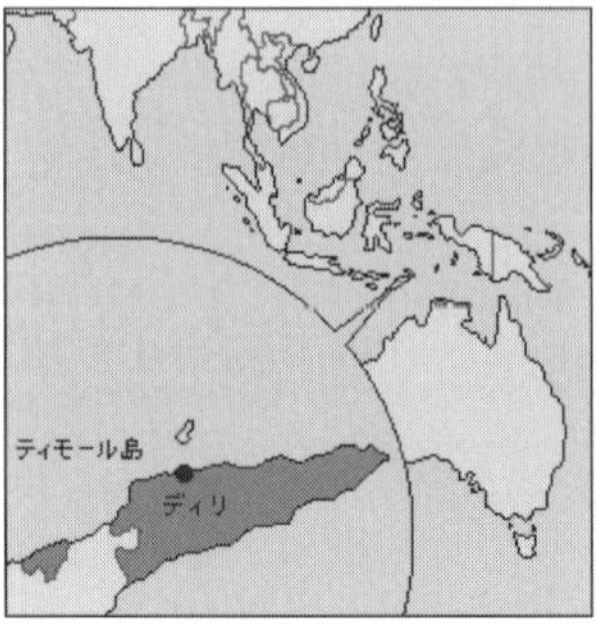

東ティモール

出典：外務省ホームページ

（国連組織って、日本社会と随分違うんだな。欧米社会の仕事の仕方が主流なのかもしれない。国によっても違うけど、日本みたいに防衛とか社会保障とか、自分の国のためにお金がたくさんかかる中で、選挙で勝つためには増税もあまりできないのに

2006年　ディリ空港に到着する国際治安部隊を迎える少年の不安な表情
UNMISET提供

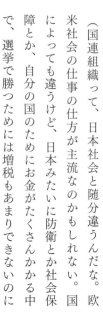

何で他の国に援助しなきゃいけないんだろうか。国連にいた近藤さんはどう考えているんだろう。）

Ｑ14　なぜ政府開発援助（ＯＤＡ）を行った方がよいのですか？　紛争解決と開発援助はどのような関係があるのですか？

歴史の中の紛争と開発

日本も過去に大きな国際紛争の当事国になってきた。近代に限っていえば、日清戦争、日露戦争、第一次世界大戦、そして先の第二次世界大戦である。日清、日露戦争では戦勝国となり、台湾や樺太南部に対する支配権を手に入れたりしたが、第二次世界大戦・太平洋戦争に敗北した結果は主権そのものの喪失であり、戦勝国との講和条約締結までは連合軍に占領された。このような戦争の終結と国際社会が関与するその後の戦後処理は、私見を述べれば、政府開発援助の一環とも見られる。

これまで見てきたように、私がＵＮＤＰに本格的に転職しようと決心した理由となったさまざまな出来事は、国連による紛争被災者に対する人道支援、平和構築と復興支援といった、いわば戦後処理の現場で起きた。アフガニスタンやイラクなど、安保理が扱ってきた紛争による破壊と人権弾圧、ガバナンスの喪失は、戦争に直接関わった国や人々の手には負えず、中立的で普遍的な存在としての国際社会、多くの場合は国連が関与しなければ、持続的な平和は回復できないというのが世界の人々の大方の見方であり、それは国連憲章が普遍的な国際法典と考えられたからこそであると思っている。

二〇〇五年三月、私は一年余りにわたるバンコク地域センターでのインド洋スマトラ沖地震の復興支援とそれに端を発したUNDPのプロジェクト管理能力の向上といった任務に携わり、それらの成果もひと段落がついた頃であった。国連では、自分で次のポストを見つけ、そこに応募しなければならず、外務省のように定年まで自分の人事は役所に委ねるという働き方はできない。それも、現在就いている仕事の契約期間が終了する前に次のポストに応募して競争選考プロセスを経てポストを獲得しなければ、契約の終了とともに失職してしまう。そのような局面で、次のポストの候補に関する情報を集め、競争試験のインタビューで好成績を収めて合格を勝ち取るには、さまざまな助言をしてくれる好意的な仲間のネットワークが不可欠であった。

二〇〇五年のこの時期は、まさにそのような「ジョブ・ハンティング」のためのネットワーキングが私にとっての大きな課題であった。扶養家族も抱え、失職して失業者になるわけにもいかず、場合によって退職したばかりの外務省の人事課にまさかの「復職?」のご相談に行かなければならないかもしれない状況であった。国連の空席ポジションサイトは、一定の在任期間を経て私のように次のポストを探して異動しようとしている人のポジションや、新たなプロジェクトが立ち上がって至急に適任者を見つけなければならないときに公示される空席公募がひっきりなしにたくさん出てくる。その中で自分の経験が生かせそうなものに応募することになる。しかし、いい方は不適切かもしれないが、国内での競争がJリーグだとすれば、国連での競争はワールドカップである。想像を絶する高い能力を持った候補者が競い合う試合なので、こちらも平素からそのような能力を培わなければならない。また、ちょうど自分が異動を考えているときにタイミングよくそのようなポストが空席となるかどうか、といった運の問題もある。

戦争とＯＤＡの問題と、国連職員の職探しの問題がどうつながるのかと思われるかもしれないが、戦争や災害などで国連が重要な役割を果たさなければならない局面というのは、見方を変えれば、大量に即応可能で有能な職員が必要となる状況でもある。次元は異なるし良し悪しは別として、第二次世界大戦後の朝鮮戦争による「特需」が、結果として日本に戦後不況からの脱出のチャンスを与えたことが思い浮かぶ。

私がこのときまでに外務省時代に国連代表部で、またＵＮＤＰで担当した国連による紛争解決に関する事案は、アジアのアフガニスタンや東ティモール、中東のイラクやパレスチナ、欧州のボスニア、コソボ、アフリカのコンゴ、スーダン、ソマリアなど多数に及んだ。振り返ると、第二次世界大戦からあまりときを置かずして東西冷戦が深刻化する中で朝鮮戦争が起き、その後ベトナム戦争、ソ連のアフガン侵攻、キューバ危機などが起きた歴史にも見られるように、戦争終結のための停戦、講和・平和条約の締結といったプロセスは、往々にして次の戦争の原因を作り出す結果を産んでしまっている。

このように戦争が終結したにもかかわらず、その数年から十数年後にまた再発する例はあまりにも多く、国連の存在がいつまでも不要とならない理由の一つであると考えている。

東ティモール平和構築の現場

私の国連でのキャリアもそのような過去の紛争の再発に対応するためのミッションでのポストに就いてきたケースが多い。バンコク地域センターから次の東ティモールでのミッションに派遣されたのは、まさにそういったケースであった。

かつて、私の数代前にUNDPの駐日代表を務められた先輩の長谷川祐弘氏が、当時東ティモールの国連東ティモール支援団（UN Mission of Support to East Timor：UNMISET　二〇〇二年五月〜二〇〇五年五月）のトップである事務総長特別代表（Special Representative of Secretary-General：SRSG）に就任し、二〇〇二年に独立した東ティモールのシャナナ・グスマン大統領を緊密に支援しつつ、国連の平和維持、平和構築の活動を指揮しておられた。[72]

東ティモールは、インドネシアのバリ島の東、ティモール島の東部に位置する小国である。面積は約一万四〇〇〇平方キロメートル、人口は約一三四万人（二〇二二年）。一人当たりのGDPは

長谷川祐弘事務総長特別代表

シャナナ・グスマン東ティモール初代大統領

二〇〇六年当時四五六米ドルと低く、アジアで最も貧しい国の一つであった。歴史上は、大航海時代にポルトガルの支配を受け、その後オランダと日本の占領が続いたが、一九七五年にインドネシアが

2002年　東ティモールの独立を喜ぶ市民と兵士　UNMISET提供

東ティモールに侵攻し、独立闘争が長期化した。国際社会はインドネシアの人権侵害を非難し、東ティモールは最終的に国連の支援を受けて二〇〇二年五月に独立した。

その後、独立後の新国家はＵＮＭＩＳＥＴの支援を受けながらも軌道に乗り始めたかに見え、国連のミッションは国連東ティモール事務所（UN Office in Timor-Leste：ＵＮＯＴＩＬ　二〇〇五年五月〜二〇〇六年八月）に改編、縮小された。ところが、独立から四年後の二〇〇六年四月、インドネシアと戦った西部出身の国軍兵士が、東部出身の兵士に比べて差別待遇を受けているとデモで訴えていたところ、二八日、この機に乗じ、政府に不満を持つ若者らが中心となって、首都ディリ各地で暴動が起きた。その後も国軍を離脱した憲兵隊員によ

72　長谷川祐弘　二〇一七年「東大作編・人間の安全保障と平和構築」、東ティモールの平和構築と指導者の役割」（日本評論社）pp.51-70

2006年 東ティモール騒乱の収拾に駆けつけた国際治安部隊　UNMISET提供

る国連事務所襲撃、武器の一般市民への流出などが発生、ついに国軍兵士が国家警察（PNTL）警察官を射殺するという最悪の事件を招いた。この事件を契機としてディリのPNTLは事実上崩壊したため、各都市の一五万人もの住民らは独立戦争時代の残虐行為のトラウマがよみがえり、国内避難民となって街に溢れた。そのため、街の十数カ所に避難民受け入れキャンプが設けられたが、私はこの国内避難民を保護するための、国連による人道支援活動のために長谷川SRSGのチームの一員として急遽呼び集められたスタッフの一人であった。

この事態を受け、豪州やポルトガルなどは東ティモール政府の要請で国際治安部隊を派遣。国連安保理は、事態の沈静化を図るためにそれまでのUNOTILを通じた小規模な国連の関与の仕方を再度強化するかたちで見直し、八月に国連東ティモール統合ミッション（UN Integrated Mission in Timor-Leste：UNMIT　二〇〇六年八月～二〇一二年一二月）を設置して、治安維持やガバナンス強化などを支援することを決めた。

統合ミッションとは、国連平和維持ミッションのバージョンアップされたかたちであり、紛争地域での国連の役割が紛争当事者による停戦合意の促進、停戦監視、軍隊の撤退などの軍事領域の活動にとどまらず、複合的（multi-dimensional）な役割として、軍事部門に加えて治安警察部門と文民行政部門も担当するという任務を与えられたものである。このようなミッションは、選挙監視や支援、元兵士の武装解除、動員解除、社会復帰（DDR）、治安部門改革（SSR）、法の支配の回復、人権モニタリング、民主主義政治プロセスの支援なども行うようになった。さらに、安保理により設立される

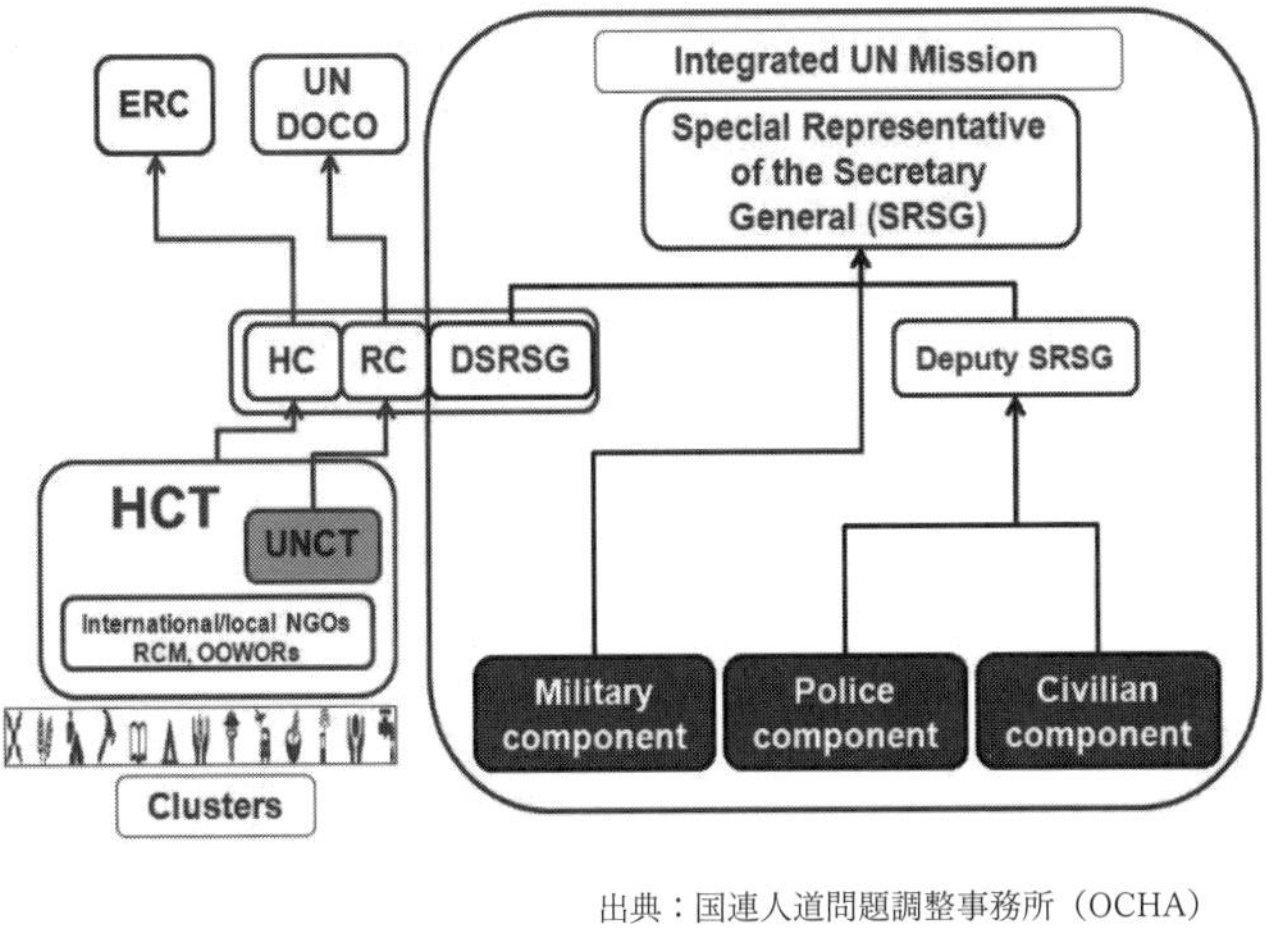

出典：国連人道問題調整事務所（OCHA）

複雑な緊急事態に対処する際の統合国連ミッションにおける調整プロセス

国連ミッションがより広範に人道、開発支援との調整を図りながら活動するために、UNDPやUNHCRなどの国連システム全体と統合されるようになる。[73]

私の経験：いよいよ、人道危機の現場に臨む

二〇〇六年六月、私はバンコクで別途日本に帰国した家族としばしの別れを告げ、ディリに向かった。東ティモールはこのとき危険地域に指定され、国連職員が赴任する際に家族の帯同は認められない。いわゆる、ノンファミリー任地である。幸いにも、子供二人は米国の私立高校に進学して入寮することとなり、妻は日本で大学院に進学して臨床心理士試験を目指すというそれぞれの道を歩むタイミングだったので、東ティモールに家族を同伴させるかどうかという判断は必要なかったのである。

インドネシアのバリ島で飛行機を乗り換え、ディリに向かう飛行機の乗客は、なんと私ともう一人国連職員と思しき人物だけだった。ディリ空港に到着すると、到着ロビーは私たち二人だけだったのに対し、出発ロビーは不安な面持ちで手荷物をたくさん持った家族連れであふれかえっていた。皆、首都で起きた騒乱を避け、国外に避難する人々であった。

空港で出迎えてくださったUNDP副代表補で現場の要となっていた日本人職員の田京さんは、それまでに何が起きたかを自ら車を運転しながら詳しく教えてくださった。確かに、街のあちこち、道路の真ん中で家財道具や車のタイヤなどが燃やされて煙が上がっていて、検問を行う自動小銃を背負った兵士たちがこちらをにらんでいた。国連の車には、側面に大きく「UN」と書かれているので

すぐにそれとわかるせいか、停止を求められることはなかったが、危険な目抜き通りではなく安全な裏道を通って国連事務所に到着した。そこは、一見すると軍事要塞のようにコンクリートのブロックと有刺鉄線で外部からの侵入を防ぐ作りになっていたが、名前だけは親しげで、「オブリガート・バラック」と呼ばれていた。

到着と同時にすぐに始まった私の仕事は、避難民の保護と支援を東ティモール政府で担当する社会労働問題担当大臣のアルセーニョ・バノ氏を補佐して、人道支援を提供するためにディリで活動する数多くの国際機関やNGOの役割分担、連絡・調整を行うことであった。そのときの東ティモールには、ワールドビジョン、ケア、オックスファム、日本のピースウィンズ・ジャパンなど、世界の人道NGOが勢揃いしていた。

私はその日からまだ三〇歳そこその青年政治家であるバノ大臣や長谷川SRSGらとともに毎日各地の避難民キャンプを回って、雨風を凌ぐためのテント、日々の食料や飲料水の配布、シャワーやトイレの設置、医療、教育サービスの提供など、部門ごとに支援活動を分担する機関やNGOのご用聞きをして回る仕事だった。そして、資金や物資が足りなければ、各国の大使館を回ってすでに国連の緊急支援要請に応えて相当額を拠出しているドナー国政府に追加の要請をお願いすることになる。

東ティモール各地にいた一五万人の避難民たちは、かつてのインドネシアからの独立戦争での恐

73　長谷川祐弘　二〇一八年「国連平和構築　紛争のない世界を築くために何が必要か」(日本評論社)

2006年 ディリのマーケットに設置された避難民キャンプで支援を待つ人々　著者撮影

怖と欠乏に苛まされた日々がフラッシュバックしたかのようで、怖がってキャンプから出ようとしなかった。東部の住民と西部の住民では、学校や病院などのコミュニティのインフラなど生活水準に差があり、インドネシアとの国境に近い西部住民の貧しさは目を覆うばかりであった。日本の自衛隊などの国際PKO部隊が駐留していたときには、施設部隊が一定の民生サービスを提供していたが、平和が回復したとはいえその撤収後には、飢餓と不平等感が色濃く残っており、社会対立の原因となっていた。UNDPは、食料配布に加えて、ILOやNGO団体などと協力して、生計支援のための市内清掃・瓦礫撤去の活動に日銭を支払う、「キャッシュ・フォー・ワーク」プロジェクトを行った。

また、人道支援調整会議で国民和解プロセスの段取りを決めて、シャナナ・グスマン大統

2006年 徐々に平静を取り戻すディリ
子供たちがノートや鉛筆を手に取ったときに平和の回復を感じた　著者撮影

領やラモス・ホルタ首相らとともにキャンプを回った。この国民和解のための対話プロジェクトは、"Simu Malu"（「シム・マル」、テトゥン語で「和解」）と名づけられ、国連、政府指導者、避難民の三者間で車座対話を行うというものである。その結果、キャンプに逃げ込んでいた避難民たちは徐々に平常心を取り戻して自分のコミュニティにある自宅に帰宅していった。

このプロジェクトを見届けて、私は任務を終えた。この間、人道危機が原因で命を失った人は一人もいなかった。ときには、暑いディリでの激務に熱中症で倒れたり、週末に海岸で水浴をしているときにインド洋と太平洋をつなぐ速い海流にさらわれて危うく水難に遭いそうになったりしつつも、約半年間、ディリでの人道支援を行った。

そしてニューヨークから視察に来たＵＮＤＰ

のアジア太平洋局次長がバノ大臣を表敬訪問した際、大臣が「UNDPがいてくれなかったら、事態はもっとひどいことになっていただろう」と謝意を述べたときには、私も胸に込み上げるものがあった。

そして、一二月に次のポストであるUNDPコソボの常駐副代表の採用試験で成功し、東ティモールを後にした。人道支援から持続可能な開発へ、また平和構築、平和の定着から質の高いガバナンスへのよりよい復興のために加盟国を支援する国連の任務、活動のあり方について多くの教訓を学ぶことができたのは、とてもありがたいことであった。

東ティモールのその後

その後、国際治安部隊とUNMITの展開によって治安は一定程度回復し、二〇〇七年には東ティモール政府が初めて実施主体となる大統領選挙と国民議会選挙が平穏裡に行われた。それでも、その後も二〇〇八年二月、大統領と首相が武装勢力に襲撃され、大統領が重傷を負う事件が発生している。人口の大半が三〇歳未満であり、農業以外の雇用機会が限られているため、若者の失業が最大課題であるが、石油基金を通じて管理される沖合油田・ガス田からの収入によって、海外援助への依存を減らし、産業インフラを発展させることを目指してきた。やがて、国の制度、人材、能力などが東南アジア域内諸国にも認められ、二〇二四年までの東南アジア諸国連合（ASEAN）加盟を確実なものにしている。[74]

日本は、豪州、ポルトガル、米国と並ぶ東ティモールの主要援助国であり、国づくりにおいては、教育・人材育成・制度づくり、インフラ整備・維持管理、農業・農村開発、平和の定着の分野を中心に支援を継続してきた。日本は東ティモールのＰＫＯに対し、延べ約二三〇〇人の自衛隊員を派遣してインフラ整備等を行った他、文民警察官を派遣してＰＮＴＬの訓練に協力するなどの支援を行った。また、自衛隊の空輸隊による避難民救援活動や選挙監視活動なども行い、平和構築に深く関わってきた。人道支援から復興、そして開発へと紛争後の「平和の定着」に向けた日本の切れ目のない支援は、東ティモールの指導者のみならず国民にも強く支持されてきた。このように、政府開発援助によって貧しい国が豊かになるのを支援することはもちろんであるが、戦争を終結させて平和を取り戻し、さらに持続可能な発展を遂げていくのを応援することにより、援助してきた日本の地位はその国のみならず、広く地域諸国に再認識される。

そのような国際協力の現場で、日本人の国連職員として支援の一端を担うことで、自らの職業経験も培うことができたのは幸いだった。人々の悲惨な状況を何とかしたいとの思いで働いたことで、結果として自分も人々の応援をいただいて生き延びることができたように感じる。

74　ＪＩＣＡ　二〇二三年「東ティモール民主共和国　ＪＩＣＡ国別分析ペーパー」

第10章　平和と開発2：コソボの民族融和を目指して

コソボ

出典：外務省ホームページ

（日本が国連にODAの資金を出して紛争解決や平和構築が行われるんだったら、近藤さんみたいな日本人が現地の国連活動の現場にいると、日本の貢献が目立って嬉しい感じがする。でも、紛争って民族とか地域の文化と

コソボ紛争で最も激しい戦闘が行われたスケンダライの戦争遺構

著者撮影

かが日本と全然違う中で起こるわけで、そういう未知の環境で働くためにはどうすればいいんだろう？）

Q15 クロスカルチャー・リーダーシップが役に立ったのはどんなときですか？　また、カルチュラル・ダイバーシティ（異文化の共存）に関して、最も気を遣うことは何ですか？

就活は常に国連職員の日常

東ティモールでのミッションにも区切りがつこうとしていた頃、次のポストを見つけるための「就活」にも力を入れなければならなかった。幸い、この頃にはＵＮＤＰの正規職員として国事務所の副代表や所長に応募する資格が生じていたので、アジア、アフリカ、中東などのポストに応募していた。このように、最初は期間限定のプロジェクト職員であっても、成果を上げて一定期間以上ＵＮＤＰにとどまることができていれば、内部候補として公募されたポジションに応募することができるようになる場合がある。それでも、競争選考試験で最終合格するためのプロセスは熾烈《しれつ》を極め、数多くの候補者の中で、サッカーのワールドカップさながら、優勝しなければならない。時差の関係でいつも採用試験の電話インタビューは真夜中に行われ、ディリのホテルの自室には電話がないため、オブリガード・バラックの国連事務所まで深夜の戒厳令の中、戦車や装甲車が走るのを横目に、検問でこんな夜中にどこへ行くのかという尋問に答えながら電話インタビューに向かう日々だった。

幸い、いくつかの同様のポジションが公募に付され、私以外の有望視された候補者たちとそれらを分け合うかたちとなり、幸運にもポストをゲットできた。それが、アフリカやアジアの数ポストと旧ユーゴスラビアの紛争地域だったコソボの常駐副代表のポストであった。これまで関わった、アフガニスタン、イラク、東ティモールと同様、過去に悲惨な戦争の歴史を持ち、いまだ安定化の軌道に乗っていない国、いわゆる「脆弱国家・地域」の専門家として見られたようである。それまでの私の経歴を書類で見た欧州局の幹部が、紛争地域で経験が豊富な人がよいとの希望を出していたため、私への注目度が上がっており、インタビューの回答もよい印象を残したのが幸いしたようである。

このような国連のフィールドへの応募の際には、そのポストが担当する国や地域のことについてあらゆる方法で情報を集め、勉強しておく必要がある。

コソボの平和定着に向けて

コソボ紛争は、一九九八年二月二八日から一九九九年六月一一日まで続いたコソボにおける武力紛争である。戦前にコソボを支配していたユーゴスラビア連邦共和国（すなわちセルビア・モンテネグロ）軍と、コソボ解放軍（ＫＬＡ）として知られるコソボ・アルバニア人反政府勢力との間で戦われた。この紛争は、一九九九年三月に北大西洋条約機構（ＮＡＴＯ）が空爆を開始して介入し、ユーゴスラビア軍がコソボから撤退したことで終結した。

一九八〇年に第三世界の非同盟諸国の盟主でもあった旧ユーゴスラビアのチトー大統領が死去、ユーゴスラビアは民族的なまとまりごとに順次解体され、独立国が生まれたが、コソボは大多数がアルバニア系であるにもかかわらず、セルビアが独立を認めようとせず、自治州のままにとどまっていた。セルビアの指導者スロボダン・ミロシェビッチがコソボ自治州の弾圧を開始した一九八九年にKLAは結成された。KLAはセルビア当局によるアルバニア系民族の差別と政治的反対意見の弾圧と戦った。一九九八年初頭、コソボのユーゴスラビア当局を標的としたKLAの攻撃を端緒として、セルビア人の準軍事組織と正規軍の存在が増大し、その後、KLAのシンパや政敵を標的とした報復キャンペーンを開始、一九九九年三月までに一五〇〇人から二〇〇〇人の市民とKLAの戦闘員が殺害され、三七万人のコソボ系アルバニア人が避難民となった。

一九九九年三月二〇日、欧州安全保障協力機構（OSCE）コソボ検証団（KVM）の撤退と提案されていたランブイエ協定の失敗に伴い、ユーゴスラビア軍はコソボ・アルバニア人に対する大規模な人権弾圧と追放を開始した。これに対して、NATOは「人道的戦争」として三月二四日にセルビアに対して空爆作戦を開始した。戦争は六月九日に調印されたクマノヴォ協定で終結し、ユーゴスラビア軍とセルビア軍はコソボから撤退することに合意、NATO軍は六月一二日にコソボ自治州の首都プリシュティナを制圧した。NATOの空爆作戦は安保理の承認を受けずに行われたが、「違法であるが妥当だった」とされる一方、物議を醸し続けている。NATOの空爆は、相当数のコソボ難民

1999年にNATO軍の空爆を受けたセルビア外務省の戦争遺構　著者撮影

を含む少なくとも四八八人のユーゴスラビア民間人の死者を出したとされている。

二〇〇一年、コソボを拠点とし国連が管理する最高裁判所は、「殺人、強姦、放火、ひどい虐待を含む組織的な恐怖による弾圧」があったと認定した。これまでに二年間の紛争で一万三五〇〇人以上が死亡または行方不明となった。一二〇万から一四五万人のコソボ・アルバニア人が強制移住させられ、残された市民の多くは残虐な人権侵害の被害を受けた。

安保理は一九九九年六月一〇日、決議一二四四を賛成一四、反対〇、棄権一（中国）で採択し、コソボ和平プランを承認。コソボ危機に対する政治的解決に関する原則をユーゴスラビアが受諾したことを歓迎し、国連の下、コソボにおいて国際的な文民・治安部隊を展開することを決定した。これに先立ち、コフィ・アナン国連事務総長は、ハビエル・ソラナNATO事務総長から、ユーゴ軍のコソボ撤退が開始し、NATO空爆が停止したことについて通知を受けた。

この決議一二四四によって、次のような戦後処理の方針が決まった。


一．国連コソボ暫定行政ミッション（UNMIK）のもとコソボを国連の暫定統治下に置く。

二．NATO主導の平和維持軍（コソボ平和維持部隊）のコソボ域内での活動を認める。

三．UNMIKに対してコソボの地方自治政府の機構（暫定自治政府諸機構）を設立することを決定する。アルバニア系住民を中心とする暫定自治機関（Provisional Institutions of Self-Government：PISG）が設置されるが、外交や治安に関する権限は与えられなかった。

四．ユーゴスラビアおよびヘルシンキ宣言とコソボ地位プロセスなどを想定した同決議第二付帯文書に定めのあるほかの諸国の主権と領土の保全を確認する。

五．国連に対してコソボにいるすべての難民の故郷への安全で円滑な帰還の保障と、すべての住民の平和的・日常的生活の確保を求める。

六．KLAおよびほかのアルバニア系コソボ武装集団に対して武装解除を求める。

七．国連に対してランブイエ合意を考慮に入れたコソボの将来の地位を定めるための政治プロセスを促進させることを認める（二〇〇五年末に国連事務総長特使に就任したマルッティ・アハティサーリ元フィンランド大統領のもとで開始）。[75]

平和定着の仕事は危険と隣り合わせ

コソボ戦争が終結してから八年目の二〇〇七年二月初頭に私はＵＮＤＰ常駐副代表として現地に到着した。現地に入るため、オーストリア航空の便にウィーンで乗り継いだ。ちょうどその飛行機の、しかも隣の席にアハティサーリ特使が座っておられた。

その頃、ＵＮＭＩＫの統治による暫定的な地位の行く末が未定とされる中、コソボ内ではいつまでも自分たちが独立できないことに業をにやしたアルバニア系住民が大規模な暴動を起こしていた。そのような状況の中で、アハティサーリ特使は、前日にセルビアのベオグラードでタディッチ大統領に提示した、米、露、英、

2007年　独立派による暴動で焼き討ちにあったミトロビツァの商店　著者撮影

独、仏、伊の六カ国からなる「連絡調整グループ」でまとめた「包括的解決案」を持って、その足でコソボのプリシュティナに到着したところだった。特使は飛行機を降りるとき、私に軽く笑いかけ、そのまま国連の防弾車でパトカーの厳重な警護を受けながら市内に向かって行った。このときに特使が持っていた鞄の中に翌二〇〇八年のコソボ独立宣言の基となるアハティサーリ提案（包括的解決案）が入っていたことを後で知った。

コソボでの生活が始まって数日後の二月一〇日、アハティサーリ提案に反対したコソボ・アルバニア人の独立運動家によるデモ隊がＵＮＭＩＫの治安警察と小競り合いになった。不幸にして、制圧しようとした東欧のある国からＵＮＭＩＫに参加していた警察官が発砲した、本来は殺傷力のない威嚇用のゴム弾が劣化していて基準よりも硬くなっていたため、頭部に命中したデモ隊の若者二名が亡くなるという事件があった。これがさらにデモを激化させる原因となり、私が泊まっていたホテルの窓をかすめて催涙弾が発射された。私はこの煙を浴びてしまい、しばらくは目の痛みが止まらず、ひどい目にあった。

安保理決議一二四四に基づいて設立され、二〇〇八年のコソボ独立宣言まで続いたＰＩＳＧはＵＮＭＩＫの後見で設立され、コソボの最終的な地位が決まるまでの間、コソボの住民が自治による統治を行うための機構を提供した。私のＵＮＤＰコソボでの仕事は、ＰＩＳＧの行政サービスを向上さ

75　外務省ＨＰ　二〇二三年「コソボ共和国基礎データ」
https://www.mofa.go.jp/mofaj/area/kosovo/data.html

せ、ゆくゆくはコソボが欧州連合（ＥＵ）の仲間入りができるような質の高い統治を行えるよう支援することであった。ＵＮＤＰのコソボ事務所にも、アルバニア系、セルビア系の双方のスタッフが雇用されており、最も気を遣ったのは、言語も、文化や習慣も微妙に異なり、対立する複数の民族出身の人々が協力して一緒に働くことができる環境をいかに確保するかであった。このような民族対立をはらんだ国家や地域の運営を国連が支援するためには、多文化の共存を理解して容認するクロスカルチャー・リーダーシップが不可欠である。

二〇〇八年二月一七日、コソボはセルビアからの独立を宣言し、発展の新たな段階に入った。二〇一六年七月までに、一一三カ国がコソボを国家承認したが、セルビアはコソボの独立を認めていないし、ロシアや中国なども民族自決を理由とした独立の承認には後ろ向きで、コソボを承認していない。ＰＩＳＧの時代には国際社会の手厚い支援のおかげで、いくつかの顕著な成果を上げたが、効果的なガバナンスを提供し、民族間の緊張や経済発展といった根本的な問題に取り組むうえで、大きな課題にも直面した。コソボの完全な国家化と安定に向けた道は、その後も発展し続けている。

国連の後見により運営されたＰＩＳＧの主な成果と難点を、独立の前後にＵＮＤＰで安定化プログラムを担当していた私なりにまとめると次のとおりである。

成果

一・自治の確立：ＰＩＳＧは、コソボのアルバニア系住民が紛争から自治に移行するうえで自ら責任ある行政を行うための準備段階という機会を提供し、戦後の復興と安定化を進める重要な一歩となった。

二．多民族代表：ＰＩＳＧは、アルバニア人、セルビア人に加え少数民族を含む、コソボのさまざまな民族コミュニティからの代表を加える努力をした。これは、多様で分断された地域における包摂性と和解を促進することが目的であった。

三．法的枠組み：ＰＩＳＧは、政府機関、司法、その他の行政機関の機能への道を開く憲法と法律の採択を含む、コソボの法的枠組みを確立した。

四．経済発展：ＰＩＳＧ時代、コソボは国際的な援助と投資によってインフラ整備と雇用創出に貢献し、ある程度の経済成長と発展を経験した。

五．難民と国内避難民の帰還：難民と国内避難民の帰還を促進するための住宅提供などの努力がなされたが、この分野での進展にはばらつきがあった。

難点

一．完全な主権の欠如：ＰＩＳＧの最も重大な欠陥は、主権が限られていたことである。コソボは依然として国連の管理下にあり、ＰＩＳＧは治安や外交といった重要な分野については、国際当局が管理する限定的な支配権しか有していなかった。

二．民族間の緊張：多民族代表と和解を促進する努力にもかかわらず、ＰＩＳＧ時代には民族間の緊張と暴力が続いた。これには少数民族コミュニティへの攻撃も含まれ、平和共存の目標を妨げた。

三．弱い法の支配：コソボは、汚職、組織犯罪、ときに非効率な司法など、法の支配に関する問題に苦慮した。これらの問題は、安定して機能する国家の確立を妨げた。

四．経済的課題：ＰＩＳＧ期間中に多少の経済発展はあったものの、高い失業率や国際援助への依存など、コソボは依然として大きな経済的課題に直面していた。

五．最終的な地位の不確実性：ＰＩＳＧは、コソボの最終的な地位は交渉によって決定されるという前提で運営され、それには数年を要した。将来の地位に関するこの不確実性は、長期的な計画と投資の妨げとなった。

六．政治的不安定性：ＰＩＳＧの期間中、コソボは政治的不安定性を経験し、指導者や連立政権が頻繁に交代した。この不安定さはしばしば効果的な統治と意思決定を妨げた。

2007年　日本などの支援で行われた司法研修所の開所式で法の支配による民族融和を訴える著者

コソボ政府が行政課題に取り組むための経験値を補うために、さまざまな専門技術を支援国から導入して、UNDPが管理・運営を行うプロジェクトが多かった。警察官の訓練、武装解除後のKLA兵士の社会復帰支援、鉱山の老朽化した鉱毒処理施設の更新、帰還難民の定着のための住宅建設、法の支配（司法試験で使用する基本六法全集のセルビア語版とアルバニア語版の編集）、両民族出身の弁護士や裁判官の合同司法研修と、コソボ政府や地方自治体の行政、自然環境保護など市民生活のあらゆる分野に及んだ。

私がUNDPのチームを率いてプロジェクトを実施するうえで、国連としてクロスカルチャー・リーダーシップを発揮しなければならなかったのは、北部ミトロビツァ郡の地域復興プロジェクトだった。[76] コソボ北部は、セルビア人とアルバニア人の対立が激しかった地域であり、紛争の結果、両民族の大多数がイバール川の南北に別れて住んでいる。

高校の世界史で学んだコソボ紛争はまだ終わっていない

コソボ紛争の背景については、高校の世界史でも扱われている一三八九年の「コソボの戦い」に遡ることができる。バルカン半島に版図を広げたオスマン帝国がセルビア王国とコソボ平原で会戦した。このとき、オスマン帝国のスルタンだったムラト一世がセルビア人貴族のミロシュ・オビリッチ

76　外務省HP　二〇〇八年「人間の安全保障基金『コソボ共和国の安定及び人間の安全保障の実現』への支援について」

コソボ西部に位置するセルビア正教会の聖地デチャニ修道院
著者撮影

との謁見中に刺し殺された。そして戦争捕虜だったセルビア兵が報復として殺害された。この歴史のくだりはセルビア人の精神的支柱ともいえる英雄伝となっており、セルビア正教の聖地であるデチャニ修道院がコソボに建立された。このため、二〇世紀になって多様な民族をユーゴスラビアにまとめ上げたチトー大統領の亡き後、セルビア民族主義を掲げたミロシェビッチが台頭し、旧ユーゴが四分五裂して生まれたクロアチアやボスニア・ヘルツェゴビナで住処を追われたセルビア人をコソボに入植させた。このため、コソボでの民族バランスが大きく崩れて民族紛争に発展したという見方である。[77]

また、次のような見方もある。すなわち、中世以来の多民族の混在状態に対して、西ヨーロッパなどでは中世封建時代から絶対王政時代に移行する過程で起きた大規模な戦争の中で、異端とされた民族が根絶やしにされながら集落が成立していった。これに対し、旧ユーゴスラビアが位置するバルカン半島では、人頭税を払えば命は奪わないという支配スタイルを使ったオスマン帝国が君臨していたために民族浄化が行われずに過ぎた。ところが、東西冷戦終結後の二〇世紀末になって、すでに国際的に人権が保証されているにもかかわらず、「民主体制の未成熟性、脆弱性」[78]がゆえに、民族自決の名の下に起こった地域紛争によって「民族浄化」が行われてしまったという考え方である。

UNDPコソボの平和定着プログラム

私は、四年近くにわたる独立宣言前後のコソボで国づくりの支援に関わった者として、政治リーダーから一般庶民に至るまで、さまざまな

2008年　独立宣言を行ったコソボの首都プリシュティナ　　著者撮影

77　Academic Accelerator「コソボの戦い」https://academic-accelerator.com/encyclopedia/jp/battle-of-kosovo

78　定形衛　二〇〇七年「国際問題No．五六四　旧ユーゴ紛争と平和構築の課題」pp.34-42

人々の対立や葛藤の現場に居合わせた。普段は友好的な隣人同士なのに、いったん何かの理由で衝突が起きて集団で対立すると、大きな暴力事件を起こしてしまうことが多かった。二〇〇八年のコソボ独立宣言の際、誰かが実弾による祝砲を空に撃ち、落下した弾丸がＵＮＤＰ事務所のすぐ向かいにある幼稚園の庭に止めてあった乗用車に着弾して後部ガラスが割れるのを目撃したこともあった。

東ティモールの記述でも述べたが、紛争地域では、多くのケースで停戦や和平合意から四年から五年以内に武力を用いた対立抗争が再燃している。ミトロビツァでも、紛争終結後の二〇〇四年にアルバニア人の子供がイバール川に流されて溺れたことを契機として、両岸に住む人々の乱闘が始まり、多くの死者を出した。また、独立宣言の二〇〇八年にも対立が激化し、発砲によって死者が出たり、民家が放火されたりした。

そこで、ＵＮＤＰは日本政府と協力して、民族対立の原因となる異民族間の確執要因を緩和しながら地域の行政サービスや民間ビジネスを応援するために、国連人間の安全保障信託基金の資金により、ミトロビツァの地域復興プロジェクト（Area-based Development project：ＡＢＤプロジェクト）を設計した。支援の対象となる地域復興事業の選定は、イバール川の両岸の住民の代表で構成されるローカル・アクション・グループと呼ばれる合議体で行い、ＵＮＤＰがそれに資金手当を行うという仕組みだ。[79]

このプロジェクトでは、特に女性の支援に力を入れ、家庭内暴力の被害を受けた女性が駆け込むための保護施設に弁護士、医師、カウンセラー、生活支援ケースワーカーなどを配置した「ＤＶシェル

2010年　ABDプロジェクトを視察に訪れた日本の援助関係者と

ター・プロジェクト」、女性が経済的に自立できるようにアパレル工場などで働くための職業訓練センターにミシンなどを設置し、受講中に子供を預かる託児所も設ける「職業訓練プロジェクト」など、多くのサブ・プロジェクトを実施した。そして、二〇一〇年にプロジェクト期間の満了を経て、軌道に乗ったサブ・プロジェクトは、オーストリアに本店のあるライファイセン銀行の国連と協調した人道支援融資を得て、地元の信用組合に引き継いでもらった。

　このプロジェクトの進捗をドナー国である日本や国際社会にアピールするための文化事業も行った。クラシック音楽による文化面での民族融和に、長年、バルカン半島を舞台に貢献されていた

79 UN Trust Fund for Human Security 2008-2011 "Area based development programme: Local development for community stabilization in Mitrovica and Zvecan"
https://www.un.org/humansecurity/wp-content/uploads/2017/09/Programme-summary-39.pdf

オーケストラ指揮者の柳澤寿男氏と協力して、イバール川の両岸でそれぞれのホールを使ってコンサートを行った。柳澤氏が指揮するバルカン・コソボ楽団には、アルバニア人、セルビア人双方の演奏家が参加していた。このコンサートの最中、思いがけないことが起こった。どの曲かは記憶が定かではないが、曲の中で弦楽がピアニッシモから休符へと無音の静寂に入ったちょうどそのとき、窓の外でパーンと銃声がしたのだ。よもやテロ攻撃かっと満席の場内に鋭い緊張が走り、演奏は中止かと思ったら、さすがはプロの指揮者と演奏家！　そのまま演奏が続けられたのである。あのような肝の太さがあって初めて民族対立の融和に貢献できるのかと思い知った。すぐにＵＮＤＰのセキュリティ担当官から報告が入り、その銃声は国際治安部隊の警官が銃の手入れをしていて暴発させたもので、怪我人は出なかったということである。何もあのタイミングで撃たなくても。

失敗経験（コンフリクト・センシティビティの不足）

他方で、私たちＵＮＤＰ側の危機感が不足していたために危うく大惨事につながりかねない事態もあった。このＡＢＤプロジェクトはドナー諸国から好評で、各国が単独で行うプロジェクトも、いったんＵＮＤＰによる実施の管理に委ね、ＡＢＤプロジェクトの提携事業として行ったものがあった。その一つが、あるドナー国が進めたサッカー場設置プロジェクトで、イバール川の河川敷に人工芝のサッカー場を作り、民族を超えてスポーツで交流してもらおうという計画だった。この計画は、当初はうまく進み、住民たちは大人も子供も民族入り混じって試合に興じていた。ところが、しばらく経ったとき、子供たちだけで練習試合を行っていた中、タックルのラフプレーで選手が転んで怪我をしてしまった。それを集合住宅の窓から見咎《とが》めたセルビア人の大人が降りてきて、怪我をさせた選手を叱責したのだ。すると、対岸でそれを見ていたアルバニア人の親たちがアルバニア民族の象徴である赤地に双頭の鷲が描かれた旗をかざして橋を渡って集まってきたのである。両者は暴言を交わし、あわや乱闘になりそうであったが、国際治安部隊の警察が到着して両者を引き離して事なきを得た。その後、このサッカー場は閉鎖し、人工芝はＵＮＤＰの倉庫で保管することとなった。プロジェクトの責任者であった私にとっては、痛恨の極みである。

人間の安全保障とメンタル・ウェルビーイング

この頃、人間の安全保障についての学術研究

2010 年　ミトロビツァ市内　著者撮影

も盛んに行われ、民族紛争に対する有効な平和構築ができているのかを検証するという研究課題に取り組む日本の大学も協力してくれた。東京大学の大学院医学系研究科で国際保健政策学を専攻する研究者の中山莉彩氏（現世界銀行職員、金沢大学講師）が、この地域の民族ごとのメンタル・ウェルビーイングについての調査を行った。その結果、個人が抱えるストレスには、民族間で差があることなどが判明した。

これまで見たように、コソボでは戦争終結後、国連の人間の安全保障信託基金を通じて復興プロジェクトの一環として、都市計画や行政計画をアルバニア系、セルビア系の両民族が一緒に行い、民族対立を緩和するような活動をしてきた。例えば病院や学校は民族問わずみんなのものであると知ってもらうため、アルバニア語、セルビア語、英語の三言語で標識を出し、融和を進めた。

こうしたプロジェクトの効果を測るために、公衆衛生学的な観点から調査を行ったのである。「あなたは幸せか」「イライラすることはあるか」「テレビを見るか」「朝ご飯を毎日食べるか」などさまざまなジャンルの質問を混ぜて、何を知るための調査なのか回答者にはわかりにくくなっている質問票（スケール）を用いる。この調査で、プロジェクトの前後で心の状態がどのように改善したか、また所属する民族グループによってそれがどのように変わるかがわかる。それ以来、私はこういった手法で測れば、人間の生活が回復、改善したかがわかる、つまり精神的な幸福度（メンタル・ウェルビーイング）は平和構築のバロメーターであると考えるようになった。

特に、セルビア系住民がセルビア域内を通って国外への移動も自由であったのに対して、アルバニア系住民はまだ独立後間もないコソボからコソボを承認していない外国に出ることがままならず、コミュニティに閉塞感が広がっていたことがより強いストレスの原因の一つだったと考えられる。このようにして、精神的なストレスの程度や原因を調査して紛争当事者の間で比較することで、平和の構築、定着がどの程度進んでいるかについての見極めの一助となるということがわかり、中山さんが所属していた東大のチームは私が国際保健政策学に関心を持つきっかけを提供してくださったと思っている。[80]

さらに、私がコソボを離れて八年後、予想外の辛い出来事があった。二〇一八年一月、ＡＢＤプロジェクトをセルビア政府のコソボ担当副大臣として担当するなど、穏健派のリーダーとしてアルバニア系住民との対話を重視した、オリバー・イバノビッチ氏が市内で銃撃を受けて殺害された。折りしも、セルビア、コソボ両政府がＥＵの仲介により中断していた関係正常化交渉を再開させた矢先のことだったという。この知らせを受けたとき、私は改めて民族対立の根深さを思い知った。

今やコソボは、一一三カ国に承認されるまでになったが、独立後まもない二〇〇八年一〇月、セルビア政府は国連総会をとおして、コソボの独立宣言が国際法に違反するのではないかとして国際司法裁判所（ＩＣＪ）の勧告的意見を求める諮問を提出した。この諮問に対する二〇一〇年七月のＩＣＪの最終的な回答は、「安保理決議一二四四は、コソボがセルビアからの独立を宣言することを禁じて

80　Nakayama R.et al, PubMed Central 2014, “Social networks and mental health in post-conflict Mitrovica, Kosova” (National Library of Medecine)

UNDPコソボ常駐副代表として2007年に着任した著者

いるとはいえないので、国際法には違反していない」というものであった。[81] このときのＩＣＪの長官は、かつて国連大使を務められていたときに私が国連代表部でお仕えした、小和田恆氏である。

コソボ離任を控えた七月二二日、上司のオズナット・ルブラニ国連コソボ常駐調整官が、私の送別会を自宅で催してくださった日だった。パーティーの最中、ＢＢＣのテレビ・ニュースの中で映し出された小和田大使がＩＣＪの決定を読み上げられる姿を見て、「自分は外交官だったとき、あの人の下で働いていたんだよね」というと、アルバニア系コソボ人の部下たちが、私に駆け寄り、「日本、よくやった！日本はコソボの恩人だ！」と口々に叫び、何と私を胴上げしたのだった。私がやったことではないし、これは司法の公正中立な判断であって決して日本の手柄にしてはいけないので、「待て待て」と制したが、聞かれなかった。小和田大使のご威光で、何とも意図せざる華々しいかたちでのコソボ任務終了の瞬間を迎えることができた。

また、コソボ勤務中の国連職員は紛争地域であるため家族の同伴は認められないものの、状況が落ち着いて安全状況が確認され、国連保安局の許可があれば、一時的に家族が職員の元を訪問することができた。私の場合、妻と、当時高校生だった娘が様子を見に来てくれたのはありがたかった。娘は、復興に取り組むコソボの人々の様子を見学したこともあってか、その後、医師への道に進んだ。

余談だが、娘と息子が幼かった頃、一九九八年の週末、私はニューヨーク郊外の遊園地を家族で訪れた。すると、安保理で担当していたインドとパキスタンの核実験の議題で緊急会合が行われるので至急国連本部に集合するよう呼び出された。遊園地でのひとときを中断して家に帰らなければならなくなったのを知って、子供たちはとても悲しかったようで息子は大泣きした。翌週、娘は「私は核実験に絶対反対です」との強硬な立場を小学校の作文に書き、私と妻は授業参観で度肝を抜かれた。

81　国連広報センターHP　二〇一〇年「コソボに関する一方的独立宣言の国際法適合性に関する国際司法裁判所の勧告的意見」https://www.unic.or.jp/files/a_64_881.pdf

2009年　娘と訪れた1389年のコソボの戦いの古戦場で地元の自治会長の方と

第11章　アフリカの未来

（近藤さんは、中東地域、アジア地域、ヨーロッパ地域とあちこちで国連のポストを歴任して、次はアフリカって、随分といろんなところで働いてきたんだな。アフリカは日本から遠いし、ちょっと想像がつかない。日本がアフリカと付き合う必要って本当にあるの？）

Q16　近藤さんが考えるアフリカが抱える真の難題は何ですか？　世界の中でアフリカが占めるシェアはこれから拡大していくのですか？

2016年　ナイロビで行われたTICAD Ⅵにて UNDP アフリカ人間開発報告書公式発表の開会スピーチをする岸田文雄外相（当時）
著者撮影

国連人生について回る雇用契約のカテゴリー

アフリカに行く前にまた私の「就活」の話になるが、コソボでの勤務が三年半を超えた頃から、例によって自分の次の役割を見つけることに集中しなければならなかった。外務省から出向でUNDPに派遣されたときは、国連の職階でいうと当時でいうL6、つまりD1レベルの待遇を与えられたが、これはドナー国の政府から出向してきた私に対するある種の例外的な待遇であり、そのときの私の外務省での職階からいえば、その一つ下のP5が妥当であったろう。私が国連の人事システムに移って、私の職歴に照らして相当と考えられる職階に格付けされたのは、外務省を退職してUNDPの正規職員になって最初の配置換えとなった、東ティモールのポストについたときであり、当時存在した「L5」の格付けが与えられた。

「P」と「L」の違いというのは、「P」が国連専門職員として正規職員の中でもいわば「プロパー」の地位であるのに対し、「L」は、プロジェクトごとに採用される任期付き職員といった待遇だった。現在では職階区分は「P」「D」「G」に統合され、理論上契約延長期間に制限のない「Fixed Term Appointments：FTA」と、契約期間が原則として二年、例外的に一年の延長が上限となる「Temporary Appointments：TA」に区分されている。昔は存在した、定年までの終身契約である「Permanent Appointments：PA」の契約は、組織改革の結果新規に与えられることはなくなり、すべての職員は任期付契約となっている。そしてすべての契約延長は勤務成績次第という、いわば「スポーツ選手」のような待遇である。ただし、FTAの契約で五年以上連続して仕事を続けることができると、FTAの中でも、その後の受け皿を確保するよう国連側が可能な限り助けてくれるという「Continuing Appointments：CA」というカテゴリーもある。ただし、CAであっても必ずポストを確保しなければならないという国連側の義務があるわけではない。ともかく長く勤めたければ、まずは「石の上にも三年」ならず「五年」を目指すことである。

「プロパー」の待遇というのは、国連内部の用語で「100 Series（ワン・ハンドレッドシリーズ）」（財源が通常予算）といわれ、原則としてUNDP執行理事会の政府間プロセスで設置が承認されたポストである。それ以外のカテゴリーである「二〇〇シリーズ」（財源が通常外予算）、「三〇〇シリーズ」（契約期間に上限がある）はUNDPの独自の判断で設置できるが、身分保障の程度において違いがある。[82]

このFTAの待遇が与えられたのは、私がコソボの常駐副代表に採用されたときであり、私の職階はP5であった。国事務所の国際職員のうち、代表と副代表はこのカテゴリーのポストとなる。ようやくプロパーに本採用されたという体であった。

通常、フィールドのポストに就くのは三〜四年程度であり、二〇一〇年夏、コソボで三年半を経過した私は、次のポストを探さなければならない時期にきていた。東ティモールでのジョブ・ハンティ

82　United Nations Policy Portal HP "Staff Rules" https://policy.un.org/browse-by-source/staff-rules

ング（就活）の経験がよみがえり、私は昼の仕事が終わると、夜は公募に付されたポストのリサーチ作業に追われ、応募を重ねた。その中で、自分としても興味があり、世界の発展にとっても大きな可能性を感じたのは、アフリカであった。

いくつかのアフリカのポストが公募されており、目ぼしいものに応募するうち、一次審査が通って電話面接を受けるよう本部の人事部から指示があったのは、チャドであった。自分は過去に外務省職員時代、フランスでの語学研修とフランス大使館勤務に続いて、中部アフリカのザイール（現コンゴ民主共和国）に配置されたことがあったので、フランス語圏アフリカにはなじみがあったが、チャドなどのサヘル地域には勤務したことがなかった。特にチャド、中央アフリカ、スーダンは慢性的な紛争が続く地域であり、国連のＰＫＯミッションやアフリカ連合と国連の混合平和監視ミッションが常に派遣されていた地域である。アフガニスタン支援、ヨルダンからのイラク支援、東ティモール、コソボと、紛争地域での勤務を遍歴してきた私にとっては、次の勤務も紛争地域となることにあまり抵抗はなかった。むしろ、過去にザイールに勤務したときからすでに二五年近く経っているというのに、そのときと同様、相変わらず紛争が絶えないのはどういう理由なのか。私なりに大きな課題設定をして、その真相を突き止めてみることに、国連の活動に身を捧げた者として強い関心を持ったのだと思う。

そして、チャドＵＮＤＰには当時、現地の各国連機関を取りまとめるＤ２の常駐調整官とＰ５のＵＮＤＰ副代表の間にＤ１の「カントリー・ダイレクター」というポストが設置されていた。このポストは主に、国連諸機関以外に安保理が派遣する統合PKOミッションが活動している場合、常駐調整官が統合PKOミッションの事務総長特別副代表を兼務するため、UNDPの業務を日常的に統括し、代表する役割を持っていた。チャドにおいても、二〇一〇年の時点で国連中央アフリカ・チャドミッション（UN Mission in the Central African Republic and Chad：MINURCAT）が活動していた。その状況で、UNDPはチャド政府へのガバナンス支援、地域紛争終結後の平和構築・平和定着支援、治安維持、国内避難民支援、環境、エネルギー、ジェンダー、民間セクター格差対策、感染症対策等、およそ開発課題として考えつく限りの幅広い活動領域を扱っていた。

　私が参加した人事選考のための電話面接でも、私の長年にわたる紛争地域での経験がチャドでの困難な平和構築と貧困削減の任務に対しても有効かどうかを問うていると思われる質問が延々と続き、さらには、今答えたことを仏語で繰り返してみよといわれ、英語と仏語の両方がネイティブ並みに話せないと務まらないというような説明を受けた。外務省での専門語学が仏語であった私は、十数年使わなかったものの、少し学習することで記憶がよみがえり、国連での業務に対応する程度には回復したことも幸いして、チャドのカントリー・ダイレクターに採用された。この時点でようやく、名実ともに国連プロパーのシニア管理職の立場に就くことができたのだった。しかし、それがチャドという非常に難易度の高い国のプログラムであったため、人々が抱える課題を解決する能力が期待される国連の業務を統括し、代表することの困難さは並大抵のものではなかった。

アフリカの未来を応援する

前に述べたとおり、アフリカは、大きな課題を抱えているが、世界にとってのとても大きな希望の地域でもあるといわれている。今から二十数年後の二〇五〇年を予測する英国のジャーナリスト、ヘイミシュ・マクレイが二〇二三年七月に出した「二〇五〇年の世界・見えない未来の考え方」では、引用が少々長くなるが、こう予測している。

「二〇五〇年には、世界人口の四分の一にあたる約二十五億人がアフリカで暮らす。最も貧しい大陸であることは変わらないが、生活水準も、人間の福祉も、急速に改善している。いちばん若い大陸でもあり、活気と熱気がみなぎる。しかし、アフリカは数々の問題に直面しており、それに立ち向かうことが強く求められるようになるため、つぎの三十年は厳しいいばらの道となる。西側が抱くアフリカのイメージはマイナスのものがあまりにも多い。（中略）援助機関は悲惨な現実に光を当てる。アフリカがうまくやっていたら、彼らの仕事がなくなってしまうので、うまくいっていることより、うまくいっていないことを強調する。だが、アフリカ大陸から逃れようと地中海を渡る移民は後を絶たず、アフリカの大部分がうまくいっていないのは明らかだ。少なくとも、アフリカの人びとの多くは、満足のいく生活を送る機会を得られていない。アフリカの未来をのぞこうとするなら、それを頭に入れておかなければいけない」[83]

二〇一〇年一〇月から三年余りをアフリカで過ごし、開発の課題に向き合った者として、まったく同感であるが、コロナ禍やウクライナ戦争による地政学的リスクがあったとはいえ、一〇年以上経ってもあまり改善が見られていない、いばらの道があまりにも長いという現状を見るととても辛い。援助機関だから状況を過大に申告していたという意識はまったくなく、むしろわずかでもポジティブな変化が見られれば、大いに世界に周知したいと考えていた。

日本は一九九三年から五年ないし今は三年ごとに「アフリカ開発会議（Tokyo International Conference on African Development：TICAD）」を開催して、アフリカの課題と常に寄り添ってきた。そして、アフリカの発展の成果はそのままTICADのあり方の変遷であった。UNDPも、TICADの共催者としてその成果について日本政府や世銀と共同で責任を持って向き合い、取り組んできた。そのコンテクストから、私にとってのチャド勤務は、貧困削減と持続的な平和への長い困難な道のりに辛さを感じる一方で、日本をはじめとする国際社会の支援提供国はアフリカへの関心を失ってはいないし、失わせてはならないという使命感のような思いもあった。

コソボの民族対立により人々の精神面での健康状態が何に影響を受けたのかを調査した経験は、私が国際保健政策学という学問領域に関心を持つ大きなきっかけとなったが、アフリカでもまた別の側

83　ヘイミシュ・マクレイ　二〇二三年「二〇五〇年の世界・見えない未来の考え方」（日本経済新聞出版）pp.346-347

面からこの関心はさらに深まった。

「アフリカの課題」は「人類の課題＝健康」

二〇一〇年一〇月、プリシュティナを後にした私は飛行機の乗り継ぎのために立ち寄ったジュネーブの国連本部で、国連診療所に寄って黄熱病、破傷風、チフス、麻疹などの予防接種を受けた。「イエロー・カード」といわれる検疫カードに接種記録がないと、サッカーのように「警告」だけでは済まず、衛生的に十分とはいえないアフリカの到着地の空港で強制的に注射を打たれるか、最悪の場合、入国を拒否されて乗機地に追い返されてしまう。

アフリカ諸国の多くは、黄熱病をはじめとするさまざまな感染症が蔓延する「不健康地」であり、在任中にこれらの病気にかからず、健康で任務を終えることがまず重要である。すべてはそのうえでの話である。特に地球上で最も多くの人間を殺す最悪の危険生物であるマラリア蚊には気をつけなければならない。マラリアによる死亡者数は、世界全体では二〇〇〇年の八九万七〇〇〇人から二〇一五年には五七万七〇〇〇人、二〇一九年には五六万八〇〇〇人と二〇〇〇年から二〇一九年にかけて着実に減少している。ところが、二〇二〇年、マラリアによる死亡者数は二〇一九年に比べ一〇％増加し、推定六二万五〇〇〇人となったのち二〇二一年の推定死亡者数は六一万九〇〇〇人とわずかに減少したものの高水準で推移した。二一世紀に入ってからの世界エイズ・結核・マラリア対策基金（The Global Fund for Fight AIDS, Tuberculosis and Malaria：GF－ATM）を通じた主要国

G7をはじめとする強力な資金拠出による対策の成果は上がっているものの、少しでも対策の手を緩めると、たちまち死者数が増えて成果が大きく後退してしまう状況が見られる。[84]

チャドの首都ンジャメナに到着した私の在任期間を通じての最も大きな任務は、GF─ATMのマラリア対策プログラムの主要実施機関（Principal Recipient）として、一〇〇万人以上に上るチャドのマラリアの罹患数と二〇〇〇人以上だった死者数を下げることだった。最近の報告では、チャドのほぼ全人口がマラリアのリスクにさらされており、二〇二二年には一八〇万人の患者が確認され二五〇〇人以上の入院患者が死亡している。マラリアによる死亡率は世界で第一三位、五歳未満の子供がマラリアによる死亡者の六〇％近くを占めている。[85]マラリア対策とは、蚊帳の配布と抗マラリア剤の投与であるが、私が担当した二〇一〇年から二〇一三年の間には、GF─ATMの資金でUNDPがチャド政府保健省と協力して蚊帳のチャド全土への配布と薬剤の投与によって、大きく死者数を下げた。コロナ禍の中で、GF─ATMがウィルス対策の能力支援を行った結果、マラリア対策の効果も向上して、死者数が天井を打ったとの報告もなされている。このように、感染症対策は国際社会の資金面・技術面での協力と、感染が広がる現地の政府の努力で結果が大きく影響を受け、それが直ちに数字に表れる。

GF─ATMの創設は、主要国首脳会議（G7サミット）の大きな成果の一つだ。二〇〇〇年の九

84　World Health Organization, “World Malaria Report 2022” p.xxi
85　UN-OCHA Reliefweb 2023, “Chad, Living Free From Malaria”

州・沖縄サミット（当時はロシアもメンバーでG8だった）で議長国日本の強いリーダーシップで打ち出された、感染症との戦いは二〇世紀最後の瞬間に見られた人類の革新的な行動である。[86] そして、ちょうど始まった貧困削減のためのミレニアム開発目標（Millennium Development Goals 2001-2015：MDGs）の一つとして位置づけられ、結核、マラリア、エイズとの対決姿勢が鮮明になった。

グローバル・サウスとしてのアフリカ

このような先進国、いわばグローバル・ノースの努力は、見方を変えれば、貧しい国々であるグローバル・サウスに対する支援をとおして、これを従属化させようとする意図があると見られなくもない。このようなグローバル・サウスの先進国からの独立を目指し、従属を脱しようとする動きは、ますます顕著になってきている。そのような中で、二〇〇八年の北海道洞爺湖サミット、二〇一六年の伊勢志摩サミット、二〇二三年の広島サミットと、日本が議長を務めたサミットでは、必ずグローバル・サウスの主要な国々が招待されるだけでなく、上から目線ではなく同じ地平で感染症対策や温暖化対策などに取り組む協力姿勢が強調されるのは、日本人として誇らしい。UNDPで仕事をしてきた中でも、グローバル・サウスを重視する日本の姿勢は歓迎されており、さまざまな地域出身の同僚から、日本は主要国の中で最も論争を呼ばない、しがらみの少ない国だねといわれたことが何度かあった。

アフリカには、グローバル・サウスの中で幅を利かす国として南アフリカ、ケニア、ナイジェリア、エジプトなどがあるが、それ以外の国々も含め、アフリカ諸国は非常に現実的、実利的な外交を行っていると考える。例えば、中国が一帯一路をうたって運輸・交通インフラの整備を進めれば、たとえ人権問題で中国が国際的に非難されても、それは国内問題であるとして非難せず、緊密に協力する。ただし、中国からの借款が膨らみ重債務化することには難色を示すが。また、ウクライナ問題でもロシアを表立って批判していない国が多く、二〇二二年三月に国連総会で採択されたロシアを非難し、軍の即時撤退などを求める決議にアフリカで反対した五カ国に加わったのはエリトリア、棄権した三五カ国の中ではアフリカ諸国が一六カ国と目立つ。[87] ちなみに、チャドはきちんと賛成したので私は胸をなで下ろした。

他方で、アフリカは人口増加率が圧倒的に高く、国連人口基金（ＵＮＦＰＡ）は、今後二〇五〇年までに人口が大幅に増加する国として、インド、ナイジェリア、パキスタン、コンゴ共和国、エチオピア、エジプト、フィリピン、タンザニアの八カ国を挙げている。[88] 人口増加は経済成長にとって最も大きな条件であり、今後、少子高齢化によって人口が減ることになる多くの国々と比較しても、経済的にも人口の面でもそのシェアは拡大していくことが明らかである。ただし、人口増加の背景と

86　外務省ＨＰ「世界エイズ・結核・マラリア対策基金（世界基金）と日本の取組」
87　UN HP 12/October/2022, "With 143 Votes in Favour, 5 Against, General Assembly Adopts Resolution Condemning Russian Federation's Annexation of Four Eastern Ukraine Regions"
88　UNFPA HP 2023, "Report identifies rising population anxiety, urges radical rethink of how countries address changing demographics"

2019年 横浜で行われたTICAD Ⅶで開会スピーチを行う故安倍晋三首相とTICAD共催者のシュタイナーUNDP総裁（左から２番目） 著者撮影

なっているアフリカでの平均寿命の伸び、世界の衛生状況の改善や乳幼児死亡率の低下などが歓迎される反面、急速な人口の増加や高い出生率により、教育や雇用が追いつかず、格差が一層拡大して貧困や飢餓が深刻さを増す国が増えることがとても心配である。

第12章　チャドの国連チーム

（アフリカの未来って、世界全体にとって大きな影響があるようだ。そうするとアフリカで働く機会も増えてくるのか。でも、どんな日常なのだろう？）

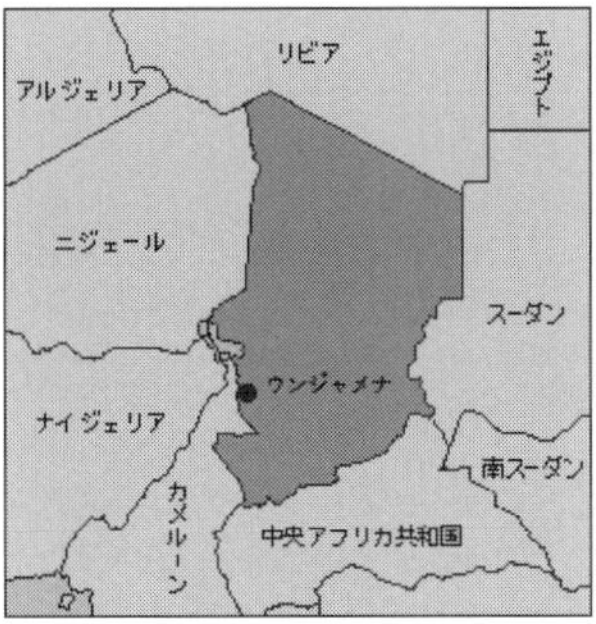

チャド共和国

出典：外務省ホームページ

2010年 UNDPチャド事務所長としての仕事を始めた著者
避難民保護プロジェクト・マネージャーと

Q17 アフリカで働いていて一番ストレスを感じたことは何ですか？ 健康に支障はなかったのですか？ チャドでの仕事で成果が上がったこと、上がらなかったことは？

「アラブの春」の混乱の中で始まったチャドでの任務

まず、チャドという日本人にはなかなか接点がないが中部アフリカのサヘル地域でひときわ大きな面積を占めるこの国の実像に迫ってみたい。

チャドが位置する「サヘル地域」は、私が勤務していた二〇一〇年から二〇一三年当時、激動の時期を迎えていた。マリ北部の分離独立を目指すイスラム過激派グループに対してフランス軍が介入し、西アフリカ諸国経済共同体（ＥＣＯＷＡＳ）の多国籍軍がこの戦闘に参加した。この過程で、過激派テロ組織がアルジェリアのイナメナス天然ガス精製プラントを攻撃し、多数の日本人を含む人質を殺害、フランス軍の介入への報復を標榜する犯行声明が出された。チャドも二〇〇〇人の部隊をマリに派遣、最も攻略が困難といわれたキダル、マオ、メナカを短期間で制圧した。

また、あまり知られていないが、二〇一二年に隣接する中央アフリカ共和国内でクーデターがあった際に反政府軍を制圧し、その攻撃から同国の首都バンギを守ったのもチャド部隊だった。他方で、チャドには隣国スーダンのダルフールや中央アフリカからの難民四一万人が流入し、また国内避難民が一五万人に上り、チャド政府は国連難民高等弁務官事務所（ＵＮＨＣＲ）やＵＮＤＰと協力してその保護に当たっていた。さらに、二〇一一年にカダフィ政権が崩壊した後のリビア南部の軍事情勢が不安定化する危険に対処するため、リビア新政権からチャド政府に対して治安維持に協力する部隊派遣が要請され、これに応じている。これらからも明らかなように、チャド軍の戦闘能力は、アフリカ諸国の中でも極めて高く、砂漠の勇者である。

私がチャドの首都ンジャメナに着任した二〇一〇年一〇月、まだ国連の平和維持ミッション（ＭＩＮＵＲＣＡＴ）が活動しており、チャド自身が二〇〇八年の内戦を経験して一五万人もの国内避難民（ＩＤＰｓ）を出すなど、悲惨な人道状況にあった。

ＵＮＤＰチャド事務所の所長としての私の最初の仕事は、このＭＩＮＵＲＣＡＴの任務を、安保理決議一九二三の実施のために引き継ぎ、文民保護、人道支援調整、人権状況監視などを行うことであった。[89] チャド全土で働く国連機関職員約五〇〇人の安全確保も重要な仕事だった。ＭＩＮＵＲＣＡＴの下で結成された約一〇〇〇人の治安部隊ＤＩＳを管理・統括して、人道支援に当たる国連やＮＧＯの要員の安全確保のための警護活動を行うことを内容とするＤＩＳプロジェクトは、私がＭＩＮＵＲＣＡＴから引き継ぎ、ＵＮＤＰが実施した。

89　Report of the Secretary-General on the United Nations Mission in the Central African Republic of Chad S/2010/611

着任初日から始まった平和構築の業務

二〇一〇年一〇月初めに私はチャドの首都ンジャメナに着いた。出迎えてくれたスタッフたちとの挨拶もそこそこに車に乗り込むと、空港からＵＮＤＰ事務所に向かう車に乗っていた私の補佐をするコートジボアール人の常駐副代表に電話が入った。首相府からの要請で、ＵＮＤＰの代表に首相府に来てほしいという。到着直後から首相に呼び出されるとは、大変な状況なのだなと察した。オフィスで一息ついて身なりを整えて首相府に向かうと、各国の大使や国連、世銀などの代表、そして国軍の将軍クラスと思われる軍人たちが集まっていた。

エマニュエル・マディンガー首相に着任の挨拶をすると、首相は私に、「ＵＮＤＰはと

2010年　チャドに着任した直後に首相府に呼ばれ、中庭に並べられた投降兵士から回収した武器を見せられる
著者撮影

ても重要なパートナーです。近藤所長には最初にお願いしたい仕事があります」と述べ、一同を中庭に案内した。するとそこには、庭の地面一面に数百丁の小銃が並べられていたのである。二〇〇八年に起きたクーデターで政府軍と戦った武装勢力が投降した際に回収した武器だった。このときに武装解除された数千の兵員たちは、秩序回復に協力することを条件に政府が生活費を支給していたが、その後の彼らの社会復帰支援をUNDPにお願いしたいということだった。いわゆるDDRである。ちょうど、コソボでもKLAを武装解除して構成されたKPCの兵員二〇〇〇名の社会復帰プロジェクトを終えてきたところだったので、「続いて第二問」という感覚だった。コソボと違ってチャド政府の国防省が極めて能力が高く、プロジェクトの監督と財務監査などが期待されているのみで、兵士に戦争犯罪歴がないかを調査するなどの厄介な部分は政府が担当したので、幸いさほど難易度は高くなかった。

また、前述のようにマンデートを終えて撤収する国連ミッションMINURCATの人道機関警護要員であるDIS部隊の監督と、その後のチャド軍と警察への編入という任務もUNDPに任された。[90] 国連の一員としての象徴である青いシャツを着た約一〇〇〇人の兵員たちが整列している前に立って、国連から派遣された「長官」として訓示のスピーチを述べたときの緊張感は忘れられない。私は一体どこまで責任を負うのか、この先何を頼まれるのか、と頭がふらつく思いだった。

90　UN Security Council Press Release 20/December/2010, "Le Conseil reconnaît le rôle critique que le Détachement intégré de sécurité sera appelé à jouer dans l'avenir pour protéger les civils au Tchad"

このように、国連の平和維持活動の派遣対象国になっていた「紛争国」チャドが、このときの二年あまりの間に、UNDPなど国連機関と協力して国内の人道状況を改善し、国政選挙、地方分権化などガバナンスの向上と行政サービスの充実に取り組む一方で、周辺国の安全確保のために主導的な役割を果たすようになったことは、卒直にいって、期待をはるかに上回る変化だった。

チャドの地方分権化や住民の復興減災能力（レジリエンス）強化、人間の安全保障プロジェクトには、日本政府からUNDPを通じて力強い資金協力が行われ、欧州連合、世界銀行、アフリカ開発銀行、仏、米、スイス政府などとともに、二〇一三年一月に閣議決定された国家開発プラン（Plan National pour le Developpement：PND 二〇一三〜二〇一五）を支援するドナーグループの体制も整った。このPND 二〇一三〜二〇一五の起草作業も、チャド政府からの要請で大部分を世銀とUNDPが担当した[91]。チャドがこのプランに従って調和のとれた人間開発を達成すれば、マリのような内戦に再び見舞われることもないであろうと感じた。

UNDP所長の仕事は激務の連続

UNDP所長としての私の日々の役割は、多忙を極めた。国連システムの常駐調整官とUNDP事務所長は、頻繁に大統領、首相、各省の大臣と会談し、さまざまな相談を受ける。特に、私が着任したときのイタリア人の常駐調整官がすぐに定年退職となり、その後任が来るまでの約一年間は私が臨時代理として常駐調整官役も兼務していたので、あらゆる仕事が私に集中した。チャドの高官たちが私に頼るのは、チャドが国連の加盟国であり、私たち国連職員が加盟国に中立な立場で「奉仕」するために駐在しているわけだから当然のことである。私の携帯電話にもこれら政府首脳の側近や、ときにはご本人から、昼夜を問わず連絡が入り、食事や睡眠を中断して会議に直行することも多かった。

チャドの故イドリス・デビー大統領は、月一回、閣僚や私たち国連機関の代表を集め、保健衛生など、国民への行政サービスの向上のために結果重視の政策を実施するよう、また、そのためのサポートをＵＮＤＰ、国連児童基金（ＵＮＩＣＥＦ）、世界保健機関（ＷＨＯ）などから受けるよう大臣たちに対して指示した。国家元首が自ら行政の陣頭指揮を

2013年　チャド大統領との会議でUNDPの開発事業について故デビー大統領に説明する著者（中央の大統領の左2番目）　チャド大統領府提供

91　UNDP Chad HP 2013, "Plan National de Développement 2013-2015"

執ることの効果は計り知れない。特に、先に述べたようにＵＮＤＰはＧＦ－ＡＴＭから委託を受けた主要実施機関（Principal Recipient）として全国民に対する抗マラリア薬と蚊帳の配布を一手に引き受けていたので、大統領との緊密な連携がとても有益だった。

　また、政府首脳との個別の会談で、国連幹部として民主化プロセスの推進について意見を求められることもあった。こうした活動の中で、外務省時代に外交の現場で諸先輩から受け継いだ経験がとても役に立った。これは「外交辞令」ではない。

　二〇一二年、国連エイズ合同計画（ＵＮＡＩＤＳ）のミシェル・シディベ事務局長（マリ人）がチャドを訪れた際に国連の課題と将来について伺う機会があった。今後の世界に本当に国連は必要なのか。ＵＮＩＣＥＦ職員として二五年間フィールドで働いてきたシディベ氏は自問自答し、次のように述べた。「これからの国連が今までの一〇年間と同じ仕事をし続けるだけなら、もう国連は不要かもしれない。国連が持つ知識は、政府、企業、ＮＧＯなどがすでに持っているからだ。もし、今後も国連が必要だとしたら、それは新しいアイディアを伝えることができるからだ。例えば、ＵＮＡＩＤＳはエイズの母子感染防止のために国が今予算措置を講じることで数年後の医療費を大幅に抑えられるというアイディア[92]を実証し、伝えた」。

　彼は、ＩＴの向上が遠隔医療を可能にしたのは、日本の技術と知恵に負うところが大きいことをあげながら、各国の指導者や国民が人類共通の課題に取り組むためにＵＮＤＰが果たすべき役割の重要性は、計り知れない、そのためにはプログラムの成果を、証拠をもって立証することだと私に述べた。まったく同感だった。

プログラム開発、組織の能力向上、財務管理、人材の採用、資機材の調達などの分野でＵＮＤＰには多くの知見がある。さらに、政治的に中立な立場で技術協力を促進できることが大きな利点である。その多くは、各国の現地スタッフが担っており、その国内ネットワークや各国間の横のつながりは豊富なアイディアの源で、アフリカではそれが特に顕著であった。現にどこの国もＵＮＤＰの現地スタッフ出身の閣僚や高官が輩出され、数多く活躍している。

ＴＩＣＡＤという場を通じて、アフリカの活力が日本の知見や技術を動員することができ、さらに日本がアフリカを一層深く知るこ

2013年　著者の補佐を務めたアダマ・ソコ副代表と
ソコ氏はこの後、出身国モーリタニア政府の要請で教育大臣に就任した

92 UNAIDS HP 2023 “New report from UNAIDS shows that AIDS can be ended by 2030 and outlines the path to get there”

とで人類共通の課題を解決するリーダーシップを取れれば、予想を超える成果が達成できる。特に、学生など若者の世代で市民レベルの交流を促進すれば、効果はさらに大きくなる。

アフリカの保健医療と向き合う

また、UNDPは、G7でも国際保健に重点を置く日本とのパートナーシップの一環でGF―ATMのプログラムを現地で実施している。チャドでは、マラリアや結核、エイズなどの感染症や高い妊産婦死亡率が課題だったので、それらを改善するための活動をしていた。マラリアの罹患率や治癒率などの改善に実際に貢献したことがエビデンスによって立証されなければGF―ATMのプロジェクトを行っても代金が送金されてこないという厳しい証拠主義のマネジメントが採用されていた。データ収集、管理、分析、報告のために、国際保健の知識が非常に重要であった。

私がチャドに赴任していた二〇一〇～二〇一三年末まで、妊産婦死亡率の改善が、さまざまな難問の中で最も解決の難しい課題の一つであり、最優先テーマだった。当時、地域の農村開発プロジェクトで、首都ンジャメナから離れた農村を視察した。村の学校の教室をのぞくと、小学校一年生の教室は男女ほぼ同数だったが、六年生になると女の子が家事に追われ、数えるほどしか登校していない。それから中学校二、三年生の教室を見ると女の子はまったくいない。「女の子は学校に来ないのですか」と聞くと、「ほとんどの子は結婚してしまいます」と言われた。これは非常に衝撃的だった。

この状況は一〇代前半の子にとって過酷だ。まだ恋も知らない女の子が経済的な理由で会ったこともない人のところに嫁いで子供を産まされる。自らが子供の身体で、さらに劣悪な環境で妊婦検診も経ずに出産しなければならず、女の子の命は危険にさらされていた。

高い妊産婦死亡率の原因が早期婚であることは明らかだった。二〇一〇～二〇一四年、サハラ以南のアフリカにおいて、労働市場のジェンダー格差によるGDP損失額は年間九〇〇億米ドルを超えるという試算もあったことから[93]、デビー大統領に早期婚を禁止する法律制定を要請した。大統領は、「あなたは日本人だからそういうが、土地の習慣や戒律があるから、そう簡単にはいかない」と言って、最初は難色を示された。

ところが大統領夫人は女性支援NGOの代表で、母子保健病院を創設している女性支援グループのリーダーだったのだ。私たちの話を聞いた後、大統領は夫人からも未成年女子の望まない結婚の禁止を求められたそうである。大統領は職場では国連からいわれ、家庭内では奥さんからいわれ、板挟みになってちょっとお気の毒かなと思った。

その後、二〇一三年末に私は任期が終わりチャドを離れて駐日代表として帰国したが、二〇一五年五月にUNDPチャド事務所からメールが届いた。早期婚を禁止する法案が可決され、大統領が署名したというメールだった。これは本当に嬉しかった。大統領自身が努力してくださり、少しずつ国を

93　二〇一六年に発行された「アフリカ人間開発報告書2016」の予備調査に基づく。UNDP駐日代表事務所HP「アフリカ人間開発報告書2016：アフリカにおけるジェンダー平等と女性のエンパワーメントの促進」
https://www.undp.org/sites/g/files/zskgke326/files/publications/UNDP_Tok_AfHDR_20160828.pdf

2015年　未成年女子を早期婚から保護する法律に署名したデビー大統領　　チャド大統領府提供

変えていこうという姿勢を示されたことに、勇気づけられた。

そして、二〇一六年にケニア・ナイロビでアフリカ開発会議（ＴＩＣＡＤⅥ）があり、デビー大統領と再会した。大統領は、「チャドはアフリカ連合の中で、女子の早期婚撲滅のためのワーキンググループの議長になっている」と述べられた。「まだ早期婚を認めている国があったら、すぐに止めさせるべきだ」と大統領が最初の演説の中で述べていたのを聞いたときには、目の前が明るくなる思いだった。

紛争解決の手法

チャドは、サヘル地域の砂漠と熱帯雨林の中間にあるサバンナ地域が広がっており、このような地域ではコミュニティレベルでの紛争の原因として、水や農産物などの資源の争奪が問題になることが多い。北部砂漠地域の住民はアラブ系の遊牧民、南部農村地域の住民はキリスト教徒が多数であり、両グループの間では言葉も通じない場合もある。雨季になると砂漠近くでもある程度水や野菜が手に入るが、乾季になると砂漠の遊牧民（ノマドと呼ばれる）は南部に移動して農村地域に入ってくる。そして定住している農耕民から畑の作物や井戸の水を奪ってしまうと、争いとなり、ときには武力を伴う大規模な紛争に発展することもある。

このような異宗教のコミュニティ間の紛争解決でUNDPがMINURCATと協力して行ったのは、「社会民族学的な紛争仲裁プログラム」であり、仲裁の場に紛争当事者、国連の代表、チャド政府の仲裁官とともに、事前に国連への協力を約束したイスラム教のイマム（礼拝の司祭）とキリスト教の聖職者に立ち会ってもらう手法である。このような宗教指導者やFBO（Faith Based Organization）の協力により、仲裁の公共性が両者のコミュニティに認められ、平穏な解決が得られるというものである。[94]

私自身の平和構築や開発の場面での実感は、国連の介入や開発問題への取り組みにはコミュニティの生活実態に着目した文化人類学的な視点が必要であり、「公共性は、宗教的要素と世俗的要素を横断する、一見矛盾をはらんだネットワークにおいて、多様な宗教的なあり方を実践する人々が結びつく過程で現れてくる」[95]といった視点が国連の活動にも反映されている。

94　MINURCAT HP 2008, "Sources of violence, conflict mediation and reconciliation: a socio-anthropological study on Dar Sila. https://minurcat.unmissions.org/sites/default/files/old_dnn/English_final_revised.pdf

95　奈良雅史　二〇一九年「ムスリムにおける公益活動の展開」（「宗教と開発の人類学」p.315, 春風社）

2013年　欧州連合と各宗教指導者の協力によるUNDPチャドの紛争仲裁プログラム関係者と　UNDPチャド提供

第13章　人新世の人間の安全保障：日本で発信したＵＮＤＰの提言[96]

（世界のあちこちで紛争や災害、貧困と危機に向き合ってきた近藤さんから見て、世界は全体として人間の安全保障とかＳＤＧｓにちゃんと取り組んでいるのだろうか。最近は特にコロナ禍、温暖化、ウクライナ、中東での戦争が続いて、人類がよい方向に向かっている実感があまり持てないんだけど。）

Q18　ＳＤＧｓは本当に達成できるのですか？　人間の安全保障は誰が保障するんでしょうか。そのためにＵＮＤＰは、政府は、企業は、そして自分は何ができるのでしょうか？

96　ＵＮＤＰ駐日代表事務所ＨＰ　二〇二二年「二〇二二年特別報告書・人新世の時代における人間の安全保障への新たな脅威：より大きな連帯を求めて／概要」 https://hdr.undp.org/system/files/documents/srhs2022overviewjppdf.pdf

一八年ぶりの日本での仕事

開発の現場は身体的にも精神的にも大変なところだ。病気になってもかかる病院はないこともあり、チャドのような紛争地域には家族を同伴できない。食料や物資が不足する中、自分の健康を保つ必要があり、さらに所長として現場のスタッフの健康と安全についても責任を負う。まさに、自分自身や自分のチームの人間の安全保障と日々向き合わなければならなかった。

そんな現場の重責から解放され、思えば外務省で本省からニューヨークに転勤した一九九六年以来、実に一八年ぶりに日本に戻ってきたときは、正直ホッとした。が、世界中で同僚の国連職員たちが日夜危険と隣り合わせで働いている現場の活動に日本から少しでもお手伝いできるよう努力したかった。そして、自分の能力が国連や世界の人たちにどう役に立つか常に考えていた。日本国民の方々は、問題意識が高く、国際問題への貢献が必要だと感じている方も多いので、その想いを世界の一番必要なところに届ける駐日代表事務所の任務も非常に重要だと感じた。グローバル・サウスの国々を見てきた経験から、自分の直面する課題に取り組む際の一番の近道は、同じ問題に直面する他の人を助けることだと感じている。私は座右の銘として、「他人を助けられたとき、自分の問題も自然と解決している」という趣旨の仏教の教えを大切にしているが、これは持続可能な開発目標（SDGs）の考え方の根底にあるものだと考えている。

人のために努力を続けていれば、考えてもみなかった人とのパートナーシップが生まれる。世の中に少しでも貢献していこうというファイティングポーズを忘れないでほしい。いろんな課題に直面したとき、解決できることもあるしできないこともある。自分の力不足で助からなかった人がいるかもしれない、という後悔や無力感に見舞われることもあるが、失敗で終わらず、そこから建設的な発見を見出せれば、成功したときよりも大きな価値が生まれる。

そのような自分の経験を駐日代表として日本の方々にお伝えするのが帰国してからの私の仕事だった。

恐怖と欠乏からの自由、そして人間の尊厳

人間の安全保障は、前述したように、一九九四年に国連開発計画（UNDP）が「人間開発報告書」の中で初めて提唱した

2015 年 SDGs を UNDP での経験をもとに市民セミナーで解説する著者
UNDP 東京提供

ものである。冷戦終結後、領土を守るために軍事力を行使する国家中心の安全保障から、紛争や災害、感染症などの「恐怖」や、食料、教育、医療など生活に必要なものの「欠乏」から解放され、人間一人ひとりが尊厳を持って暮らせる社会への転換を目指す概念として提唱された。人間中心の新しい安全保障のアプローチを提案したことで、画期的なものとされた。この概念と日本には深いつながりがある。

この概念を国際社会に広めた一人が、国連難民高等弁務官を務めた故緒方貞子氏である。ノーベル経済学賞を受賞したアマルティア・セン氏とともに、緒方氏は二〇〇三年に「人間の安全保障のための今日の課題」と題する報告書を提出した。[97] この報告書では、グローバル化によって国家が従来の方法で人々の安全を守ることが不可能になる中、社会的弱者一人ひとりの能力、すなわちエンパワーメントを保護・発展させることによって、個人とコミュニティの安全を守ることの重要性が強調された。

日本政府は、「人間の安全保障」の概念を外交政策の中心に据え、長年にわたり積極的に推進してきた。歴代の首相も、演説の中で繰り返しこの考え方の重要性に言及してきた。

二〇二二年、UNDPは「人新世の時代における人間の安全保障への新たな脅威」と題して特別報告書を発表した（五八ページ参照）。この中で、伝統的な人間の安全保障の考え方を引き継ぎつつ、新しい時代の脅威を考慮した人間の安全保障への新しいアプローチを提示している。詳しく見てみよう。

同報告書によれば、教育、健康、生活水準を総合的に測る「人間開発指数」の世界的な数値は、この三〇年間で向上し、ＣＯＶＩＤ—19パンデミック直前まで開発が進んできた。その一方で、図7は今や世界の七人に六人近くが不安の中で暮らしていることも示している。表面的には開発が進み、生活環境は改善されているように見えるが、

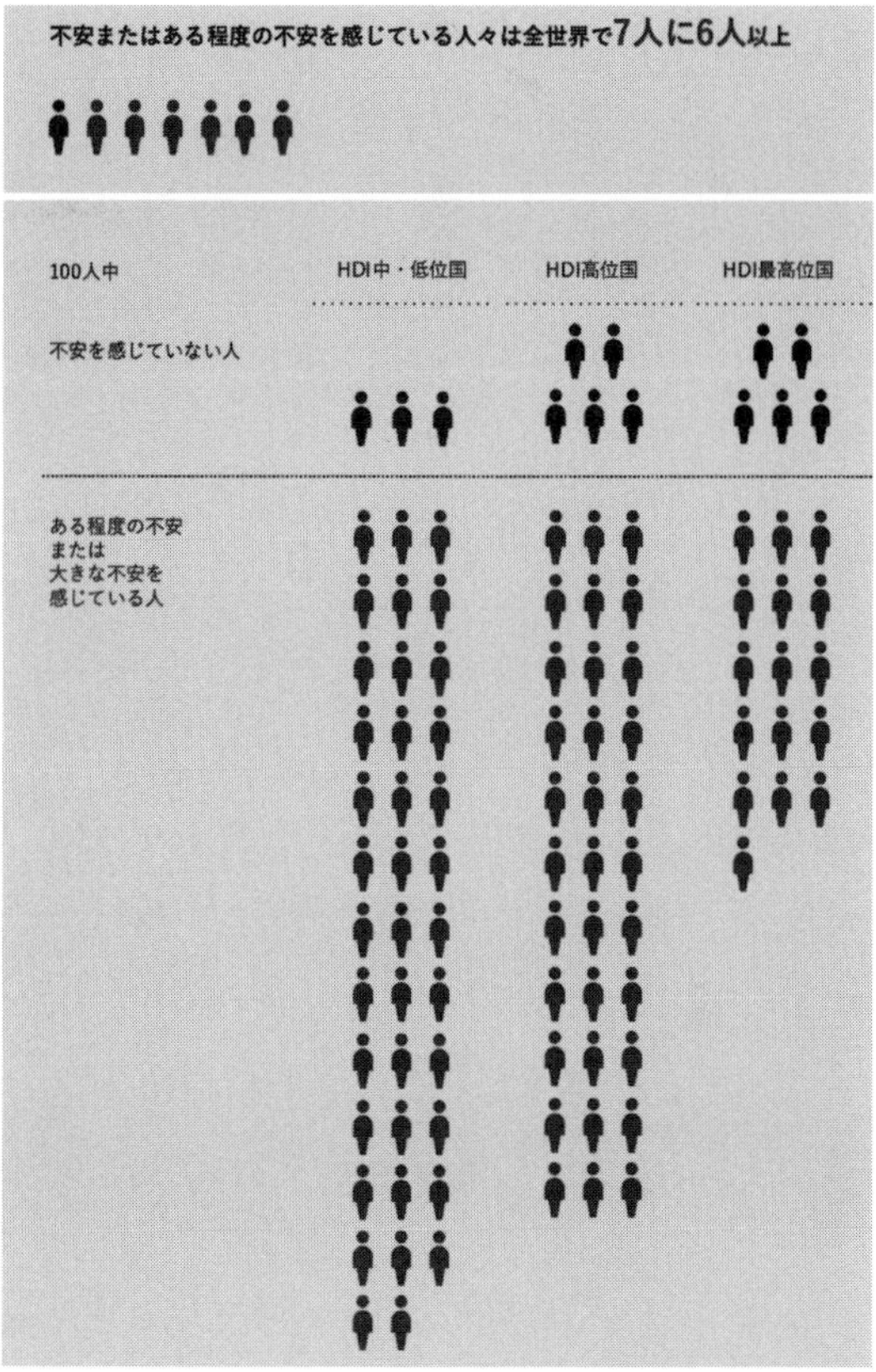

出典：2022 年 UNDP 特別報告書 人新世の脅威と人間の安全保障
〜さらなる連帯で立ち向かうとき〜

図7：全世界で大半の人々に広がる不安感

97 Sadako Ogata, Amartya Sen et al, UN Commission on Human Security 2003, "Human Security Now" (New York) downloadable from MOFA HP https://www.mofa.go.jp/mofaj/gaiko/oda/bunya/security/index.html

人々の不安感が増しているのはなぜだろうか。

この不安の理由として、報告書は人類に対する五つの新世代の脅威を挙げている。気候危機、感染症やその他の健康上の脅威、高度デジタル技術、不平等、暴力的紛争である。これらの脅威は互いに絡み合い、問題をさらに複雑にしている。一つずつ見ていこう。

第一に気候危機である。人間の活動が地球の生態系や気候に大きな影響を与えるようになった「人新世」が到来したといわれている。

地球に大きな負担を強いる経済成長と開発が重視された結果、世界中で格差が拡大し、気候変動とそれに伴う災害が深刻化している。生物多様性は損なわれ、逆にCOVID−19パンデミック災害のような未知の感染症の危機も出現している。

しかし、災害を含む気候変動の影響を最も受けるのは、社会的弱者である。つまり、気候変動は不平等を拡大させているのだ。今後、地球温暖化に対して一定の対策が講じられたとしても、今世紀末には、途上国を中心に四〇〇〇万人が気温上昇に伴う気候変動によって命を失う可能性があると指摘している。

これまでは、紛争や災害から「個人と地域社会」を守ることに主眼が置かれてきたが、報告書は、人類だけでなく地球全体を守るという新たな考え方を求めている。

気候変動や未知の感染症の影響が、地球や人類全体に国境を越えた影響を及ぼすことは明らかだ。すべての人々と地球が安全でなければ、誰も安全ではない。

第二に健康上の脅威がある。新型コロナウイルスのような感染症の世界的大流行は、今後ますます増加すると予想されている。健康は「人間の安全保障」の基本であり、人の自由と生きがいは健康にかかっている。すべての国がユニバーサル・ヘルス・カバレッジ、すなわち、所得に関係なく、質の高い医療を自分に可能な負担で受けられる制度を実現することが求められている。また、生活習慣病による医療費負担を軽減することも重要である。

第三に、デジタル技術の脅威である。パンデミック対応で加速したデジタル技術は、環境負荷の軽減や医療感染リスクの低減など、生産性向上の可能性を秘めている。その一方で、急速なデジタル化は、不平等や暴力的紛争を増大させる恐れもある。

サイバー犯罪も急増しており、被害と対策にかかる費用は二〇二一年末までに六兆米ドルに上ると推定されている。そのような脅威がある一方で、生成ＡＩなど、人間ではない大きな存在が人間を助けてくれるようにも見える。しかし、人工知能はこれからの人間の生活にどんな変化をもたらすのか。人間を超えた人工知能は、人間の脅威とはならないのか。この問題は、市場を独占する一部の企業の手に委ねるのではなく、政府や国際機関などが協調して取り組む必要がある。

第四に、不平等である。パンデミックによって、人間の安全保障の面で脆弱な人々ほど疎外され、複合的な脅威にさらされていることが明らかになった。例えば女性は、家族全員が家に引きこもるようになったために家事労働の負担が増し、家庭内暴力が急増した。さらに、都市部の貧困層は、感染リスクの増大と収入の減少によって二重の打撃を受けた。そのうえ、国際的な物流、人流が阻害されたことが食料安全保障を脅かし、飢餓の拡大につながって、現在、世界人口約八〇億人のうち約二四億人が食料難に陥っている。

第五に、このような貧困と不平等は暴力的な紛争の引き金となる。これまで積み重ねてきた国際協力によっては克服するのが困難な対立の激化が次々と生まれている。現在、世界は二年にも及ぶロシアによるウクライナへの侵略戦争を悄然《しょうぜん》と見守る中、ハマスとイスラエルの過去最悪の戦闘が勃発した。前述したように、かつての勤務地コソボでは、民族対立による紛争があったが、UNDPは日本政府の支援を受け、「人間の安全保障」の考え方に基づき、紛争の影響を受けた女性や子供たちの生活、栄養状態、教育、安全を回復するプロジェクトを実施し、状況を安定させた。とはいえ、人命を奪う武力紛争が始まってしまうと、その解決には世代を超えた長い年月を要する。世界のいずれかの国が人の生命や財産の安全を保障できない紛争に見舞われたとき、人間の安全保障のアプローチがあらためてクローズアップされる。

人類のさまざまな取り組みを結実させるためには、新しい時代の脅威に対して、課題ごとに個別の対応を考える縦割り的な対策だけでは不十分で、人々の生き方そのものを見直す必要がある。報告書は、アマルティア・センが指摘する「自らの価値観や目的意識に従って意思決定できる人間」の必要性を引用している。脅威に立ち向かい、SDGsを達成するためには、私たち一人ひとりが価値判断を下し、行動を起こせるかどうか、また人類が互いに、また人類と地球と「連帯」できるかどうかが問われている。

不確実な時代、不安定な生活

また、UNDPは二〇二二年九月、毎年発行している独立報告書「人間開発報告書二〇二一―二〇二二」を発表した。この報告書は、私の在職中最後のものとなったが、そのテーマは「不確実な時代、不安定な生活」である。これは、先の特別報告書「人新世の脅威と人間の安全保障」の続編として、検討すべき対応策を提案する内容となった。[98]

人間の安全保障が脅かされる不安定な状況にもかかわらず、私たちは有効な対策を講じることができていない。それればかりか、戦争を引き起こし、多くの命を奪い、人類を不安なものにしている。資源の浪費や環境破壊を止めることもできない。ワクチンが開発されたこともあり、パンデミックはかなり沈静化したが、貧しい国々ではまだ多くの人々がワクチン未接種である。彼らをどうするか、そして来るべき新たなパンデミックにどう備えるかは、まだまだ未解決の課題である。私たちの努力がうまくいっていないことは、UNDPが毎年発表している人間開発指数（HDI）のランキングにも表れている。

人間開発指標は、健康、経済、教育の三つの観点から、開発の進捗状況を示すデータで構成されている。人間開発指数を一年単位で見てみると、二〇二〇年までに大きく後れを取った国が世界で八七

98　UNDP駐日代表事務所HP　二〇二二年　人間開発報告書「不確実な時代の不安定な暮らし：激動の世界で未来を形づくる」 https://www.undp.org/ja/japan/publications/hdr2021-2022

カ国もあった。何のために開発協力や援助をしてきたのか。多くの成果が失われたという危機感がある。

このように、環境の変化、地球温暖化、不平等のようなこれまで以上に困難な状況、テクノロジーの進歩とそれらが生み出した新たな脅威など、複合的な脅威が増大し、メンタルヘルス指標におけるストレス・レベルの上昇にもつながっている。これらの複合的な要因が、不確実な時代における不安感を増大させている。その結果、アメリカのような豊かな国でさえ、不安感が増大し、政治的意見の対立がますます激しくなり、社会的分裂が深まっている。二〇二二年の中間選挙では、上院では僅差で民主党が過半数を占めたが、下院では共和党が過半数を占めた。

そしてブラジル大統領選挙。ブラジルのトランプと呼ばれる超国家主義者のボルソナロ前大統領は、得票率〇・二ポイント差という非常に僅差でルーラ現大統領に敗れた。それが意味するのは、国民がナショナリズムと個人主義に真っ二つに分かれ、両者の間には社会正義と統治のあり方についての鋭い対立が存在し、ほとんど対話がないということだ。互いに対話しようともしない。このような状況が続けば、起こるのは紛争であり、格差はますます拡大する。このことは、UNDPの報告書にも示されている。

UNDPは世界有数の研究者と協力してこのような調査や分析を行うが、より重要なのは各国のフィールドで行われている貧困削減プロジェクトなどの支援の実例である。紛争や災害、そして慢性的な貧困から脱出できない人々に収入をもたらすための職業訓練や、ガバナンスの支援、選挙支援なども行う中で、UNDPのスタッフたちは国内のコミュニティに住む人々が何を感じているのかをとてもよく知っている。その結果は毎年発表する「人間開発報告書」に集約して問題提起が行われる。

「イノベーション」「投資」「保険」を意識してSDGsの課題と向き合う

このような時代に何が必要かというと、UNDPは「三つのI」と呼ぶものを提案している。最初の"I"は「イノベーション」である。これはシュンペーターのイノベーション理論で、同じ問題パラダイムの中で考えられた解決策は解決策にはならないという見方に立脚している。

次の"I"は「投資」である。人々の満足と幸福をコミュニティと結びつけるツールである。投資とは、このツールを通じて人々の生活を豊かにすることである。

三つ目の"I"は「保険」である。これには自動車保険や国民健康保険などリスクへの対策が含まれる。日本の国民健康保険は、病気の治療費の実費を三〇%に抑える。

近年注目を浴びている哲学者のマルクス・ガブリエル氏が指摘するように、伝統的な経済学の理解では、企業が生産するためには労働力と資本が必要だった。人新世の時代に入った今、この概念を変えなければならない。つまり、今問題になっているのは、企業が水や空気などの自然環境を利用しているにもかかわらず、その対価を支払っていないことなのだ。このように考えることができれば、COP27で途上国が先進国に気候変動による大規模な自然災害の補償を要求したことへの対応のヒントになる。

こうしたことも含めて、ＳＤＧｓを達成するためにはどうすればいいのか、読者の皆さんも考えてみてほしい。ＵＮＤＰはシティ財団と協力して、若者によるソーシャル・イノベーションと社会起業家精神を支援するプログラム「Youth Co：Lab Social Innovation Challenge」を実施している。[99] このコンペティションには、アジア地域を中心に二八カ国から高校生を含む九〇〇〇人の若者が参加し、多くの素晴らしいアイデアが発表された。皆さんも、ご自身のビジネスアイデアでＳＤＧｓを達成する方法を考え、日本でも毎年行われているコンテストに応募してみてはいかがだろうか。

例えば、グーグルマップに無料で水が飲める場所を表示する「ＭｙＭｉｚｕ」というアプリを作ったビジネスの事例がある。このアプリを使えば、マイペットボトルで無料で水を手に入れることができる。また、こうしたＩＴスキルを身につけるための女性の留学を支援する取り組みもあり、二〇代前半の経営者が行っている事業だ。これらのビジネス・アイディアは優秀な成績で表彰されている。

これらは若者のためのプログラムだが、経団連加盟企業や前述した企業などもＳＤＧｓ達成に向けて頑張っている。ＵＮＤＰが支援しているもう一つのプログラムに「ＳＤＧインパクト」がある。これは企業が、融資を受ける企業を決める際に、ＳＤＧｓを達成するための価値を創造しているかどうかで判断するという指針だ。企業にとっては、資金調達の際にこのガイドラインに基づいた事業計画であることを示せるということだ。日本の大手都市銀行もこれに参加し、研修を受けている。[100]

ＣＯＰのプロセスで設置された緑の気候基金（ＧＣＦ）は、世界銀行、アジア開発銀行、ＪＩＣＡなどとともに、途上国が気候変動と闘うために自ら設定した排出削減目標である「国が決定する貢献

（ＮＣＤ）」の達成を支援する目的で設立された。ＵＮＤＰは、アジア開発銀行やＪＩＣＡなどとともに、ＮＣＤで定められた脱炭素の推進のため、ＧＣＦプロジェクトの実施機関として中心的な役割を果たしている。[101]

二〇二三年五月には広島でＧ７サミットが開催され、日本が議長国を務めた。日本はＧ７の議長国として常に保健分野でリーダーシップを発揮しており、二〇〇〇年の九州・沖縄サミットの際には、世界エイズ・マラリア・結核対策基金が設立された。その七年後の北海道洞爺湖サミット、さらにその七年後の伊勢志摩サミット、そして今回も世界の先進七カ国が協力し、感染症やマラリアなど人の命を奪う病気と向き合い、解決するために世界が協力し、お互いに助け合うべきだと。また、すべての人が支払い可能な料金で医療を受けられることを目指す、ユニバーサル・ヘルス・カバレッジの推進も本格化させるよう提言された。日本が先頭に立って示してきたアジェンダは、このようにして国際社会全体の共通理解と連帯した努力として結実しつつある。[102]

こうした取り組みが、国連で日本が強いリーダーシップを発揮する力になっていると考える。各国が相手を思いやり、連帯して努力することを呼びかけていくことが、これからの国連の大きな課題で

99　ＵＮＤＰ駐日代表事務所ＨＰ　二〇二三年 "Youth Co:Lab（ユース・コーラボ）" https://www.undp.org/ja/japan/youth-co-lab 年
100　ＵＮＤＰ駐日代表事務所ＨＰ　二〇二一年「ＳＤＧインパクト」 https://sdgimpact.jp.undp.org/
101　UNDP HP2023, "Bolstering climate finance, UNDP signs new Accreditation Master Agreement with the Green Climate Fund"
102　外務省ＨＰ　二〇二三年「Ｇ７広島首脳コミュニケ（二〇二三年五月二〇日）」

ある。

UNDP総裁の仕事

私は、二〇〇一年のUNDP入職以来、四人の総裁に仕えた。二〇一八年七月、UNDP総裁に就任したアヒム・シュタイナー総裁（ドイツ出身）は、前職が国連環境計画（UNEP）事務局長であり、オックスフォード大学教授として教鞭をとるなど、学究肌のリーダーである。シュタイナー総裁は、就任するとすぐに当時最大ドナー国であった日本を訪問し、故安倍首相や当時の河野外相らを表敬した。

やはり就任されて間もない河野外相は、行政改革担当大臣等を歴任され、政府の無駄遣いを厳しく追求することで知られており、国連に対する拠出金についても、無駄なものがないかをチェックされていたことは、ニューヨークの国連本部でも有名であった。

私は、駐日代表として羽田空港のサテライトで就任間もない総裁を出迎えた。私と対面したシュタイナー総裁がハローと挨拶したのち、最初に私に聞いたことは、「日本の外務大臣は国際機関に対して厳しいと噂を聞いたが、実際はどうなのか？」という質問だった。

私は、「河野大臣は、行政改革担当大臣をされていたとき、厳しく無駄な支出をチェックされていました」と説明したところ、シュタイナー総裁は、「日本からの拠出金はUNDPにとって死活的に重要なので十分にご説明しよう」と空港から都内に向かう車中で丹念に会談資料をチェックしていた。

2018年 シュタイナー総裁と

翌日、最初の日程となった安倍首相との会談での話である。日本として開発の重要なパートナーであるＵＮＤＰとは緊密に協力したいという総理の発言の後、シュタイナー総裁は、何と首相に「河野大臣は国連への拠出について大変に厳しい見方をされていると伺っておりますが、どうか首相からもお口添えをお願いできないでしょうか」と恐る恐るお願いしたのである。この発言は、私たちが準備した発言資料には当然入っていない、いわば「不規則発言」である。私は、総裁のこの発言をまったく予想していなかったので、度肝を抜かれて凍ってしまった。

するとやがて安倍首相は、最初は驚かれていたが、やがてニッコリ笑って、おっしゃった。

「シュタイナーさん、確かに河野大臣は議員時代から無駄な政府支出に対して非常に厳しく節約を訴えてきた政治家ですが、外相に就任してからは、責任のある対応をしています。どうぞ、ご安心ください。外務大臣を任命したのは、この私ですから。心配いりません」と、心配顔なシュタイナー総裁に述べられたのである。まさかこの人、一国の首相に外相を説得するようお願いするとは。また、それを笑顔で聞いてくださった首相の器にも感銘を受けた。

この後で行われた河野外相との会談では、両者の間で非常に友好的で親密なやり取りが行われ、外相は「私は予算節約には厳しいが、ＵＮＤＰに期待しているので、何でも緊密に相談しながらやりましょう」との趣旨を述べられた。

私はこのやり取りを見ていて、世界各国の指導者と関係を構築して、あらゆる機会に協力を求めなければならないＵＮＤＰ総裁の仕事のハードさを実感した。

「人新世」の時代に生きる

二〇二三年に入って、生成ＡＩが大きく注目されている。また、ブロック・チェーンによる仮想通貨が実体経済の一部としての地位を確立しつつあり、人間の生活がますますコンピューター上の情報世界で起こりつつあることから大きな影響を受けている。国連での職業人生を終えて、今後は国連が果たしてきた役割に対してどのような評価を与えるべきなのかという問題と向き合うことになる。

それは、これまで国連職員として自分が経験してきた開発や平和構築の現場での出来事を検証し、これから国際人材として活躍する人々に役立ててもらうことが一番の目的である。他方で、人間の理性や感情といった意識に対してこれまで経験したことのない影響を与えるＡＩの活用をどのように考えていくかについて、ＳＤＧｓへのエンゲージメントを訴求してきた者として、不安に感じていることがある。

それは、ＳＤＧｓのテーマである、「一人も取り残さない」という呼びかけについてである。一番取り残されている人に最初に手を差し伸べる"reach the furthest behind first"という考え方からすれば、これだけさまざまな人が誰も置き去りにしないために努力し、人類と地球の持続可能性を目指して協力していたとしても、依然として取り残されている人々に注目して行動を拡大すべきだということになる。これはこれで正しいと考えるし、そのような努力を投げ出すべきでは決してないと思う一方、これまでの行動をあまり悲観的に評価する機会が多いと、生成ＡＩというものが、文字列で表される概念をその前後にどのような言葉で形容し、論理展開するかを確率論で判断していくシステムの中では、人類による行動の進捗を過度に悲観的に評価することになることが懸念される。ただでさえ、報道では日本がワールドカップで勝利したなどの自国に関することは別として、よい知らせを重視することはまれで、悪いことや懸念されることを最優先で伝えるため、サイバー空間で交わされる情報と相まって、人々に悲観的にすぎる現状認識や未来予測をさせるようになるのではないか。

ＵＮＤＰが示す世界の人間開発指標は、コロナ禍の影響を受けて史上初の後退を余儀なくされたことは否めないが、それは取りも直さず、現在の人々の生活は、おしなべていえば過去のどの時点よりもよい状態にあるわけで、ＳＤＧｓの目標達成からすれば楽観すべきでないにせよ、高く評価できる。そのような実際の成果を過少評価する傾向には気をつけたい。他の人々にも知ってほしいよいイニシアティブを国連ではよく"good practice"と銘打って情報拡散するが、それによって世界の前向きな変化を呼び起こしていくことも国連の重要な役割だと考えている。

人新世の時代には、AIによって人間がさまざまな思考支援ツールを利用することができるが、それゆえ、個人個人の生き方、考え方が果たして本当は何を目指しているのかが、SDGs達成のために一番大切な決定要因になってくる。そのための具体的なプラクティスとしての開発支援と現実の経験に基づく人類への問題提起が国連職員の大きな役割の一つではないだろうか。

また、このような時代にあって、国連を中心とした協調で紛争の解決を図るためには、人間自身の日々の行動変容が必要であり、コミュニティの生活実態に着目した文化人類学的な視点が必要である[103]と考える。その点、国連職員OBで研究者でもある植木安弘氏が指摘するように、「国連が安全保障や人権など各分野の問題に対処するにあたって、NGO（非政府組織）や市民社会は極めて重要なパートナーだといえます。例えば人道支援にしても、国連が各国との調整や支援のアピールをしたうえで、実際に現地で活動するのは一般の市民であることが多いからです。また、国連と深い関わりのある市民社会の一員として、信仰を基盤とした団体（FBO）にも注目が集まって」[104]いることは、前述したチャドでの活動例を見ても明らかである。このような多様なパートナーとの対話を広げることが、国連の活動にとっては一層重要になっている。

Q19　ウクライナやパレスチナなどの戦争は、いつ終わるのでしょうか。これから世界はどうなっていくのか不安です。

戦争の被害者と世界の警察

ＵＮＤＰの「人新世の人間の安全保障」特別報告書が予測しているように、二〇二四年現在、世界のあちこちで起きている紛争やそれによって大きく増えてしまった難民の運命を考えると、これからの人類が生きていく環境はとても不安なもののように思えるかもしれない。難民は、住み慣れた故郷や地元を悲惨な武力紛争や人権侵害を逃れるために国境を越えて移動せざるを得ず、国際法に基づく国の保護や支援、国際機関やＮＧＯの支援がなければ安全に生きていくことが難しい人々である。人間の安全保障を人道支援や開発支援の根底に据えることを主張した緒方貞子氏が国連高等難民弁務官をされていたときに、日本人として国際社会でのリーダーシップを発揮して、国境を越えて難民となった人々のみならず、国内であっても危険や人権侵害を逃れて移動せざるを得なかった人々を国内避難民（Internally Displaced Persons：ＩＤＰ）として国際的に保護するべきであるという考え方を定着させた。これは、正に人間の安全保障を確保するための実行手段である。

103　脚注95参照。
104　植木安弘「国連を中心とした協調で紛争の解決を」（第三文明　二〇二二年六月号）

そのような観点から考えると、一九九一年のソ連崩壊以降、西側との共存が期待されていたロシアがグローバル化の歴史の清算ともいうべきか、プーチン政権独特の大義を掲げてウクライナに侵攻という暴力行為に出たことを国際社会がどう受け止めるのかが問われている。超大国であり核保有国であるロシアは仮に国際社会の多数派が説得にかかってもその圧力に屈することは考えにくい。そのうえ、事態をさらに複雑化、困難化しているのは、まさに複合危機として始まったイスラエルとハマスの戦闘により米国が複数の危機に対応しなければならないことである。米国の関与は、いかなる国際紛争でもその解決のためには決定的に重要であり、これまでは実効的な法執行機関というものが存在しない国際社会にあって、「世界の警察」と呼ばれてきた。ところが、今やそのような役割をあらゆる紛争や人権侵害事案において期待することは難しくなってきた。

長年、各国の首都や国連などで紛争解決や和平プロセスなどの外交の現場に立ち会った自分の経験からいっても、物事の判断をしなければならないときには、米、英、仏、露、中といった国連安保理の常任理事国たちの考え方をきちんと掌握しておくことは必須であるが、特に日本にとって米国との連携は決定的に重要である。米国頼みや米国一辺倒はおかしいとの批判的な意見があることは承知しているが、日本が問題解決のための独自の名案を持っている自信があるのなら、米国を首都ワシントンや出先の交渉現場で説得することから始める必要があると感じた。これは、日本政府にいても国連にいても同様であったと私は感じていた。日本の戦後史から見ればそのことはより明白である。

他方で、国際社会で働こうと思えば、複眼的な考え方もとても重要で、自分の眼を自分の体から引き剥がして、日本や米国と正反対の立場にある人々の眼と置き換えて考える必要もある。これは、ある意味想像力の問題であるが、国際経験が増えれば増えるほど、より解像度が高く立体的なものの見方が身に付いてくるように思えた。そのような複眼的ビジョンを持つことができれば、お互いに大切な友好国であると考えている国のカウンターパートならば、問題への向き合い方を再検討してくれるチャンスは大きい。

その前提でロシア・ウクライナ戦争とイスラエル・ハマス戦争についての二〇二三年一一月時点での見通しを述べれば、多正面で紛争に関与せねばならない米国は大変に苦しい状況に置かれており、特にロシアは中東で生じた局面に乗じて攻勢を強める恐れがある。また、米国にとっては、台湾問題や機密情報の保護などで米国と対立している中国との覇権争いからも手が離せない。中国は、ウクライナ戦争で明確なかたちでロシアに加担することには関心がないのでウクライナ情勢が米中関係に影響を与える恐れはさほど感じられない。二〇二四年後半に控えている米国の大統領選挙の行方にもよるが、ロシアがこれまでに確保した領土へのアクセスを黙認するような何らかの出口戦略を考えているのではないかと思われる。イスラエルとハマスの抗争は、米国と厳しく対立するイランのイラン革命防衛隊（ＩＲＧＣ）がシリアに展開、あるいはレバノンを拠点とするヒズボラやイエメンのフーシなどのイスラム過激派勢力がハマスへの支援を強化すると、中東情勢は一気に不安定化し、大きな紛争を招きかねない。他方、ハマスはイスラエルによって打撃を受けるものの、本当に根絶やしにするのは困難だろうから、より容赦のないテロ活動が続く恐れがある。いったん生じた武力紛争を鎮静化させるためには、国際社会で強いリーダーシップを発揮する第三者が調停役を買って出ることを期待する向きが多い。米国がそのような役割のためにさらに自国の政治的・軍事的リソースを投入できるのかを見極めたい。

世界そのものの変化の中で、なぜ女性を優先することが重要なのか?

まったく別の次元の話であるが、紛争と並んでこれからの世界における人間の「不」安全材料をさらに難しいものにしているものとして、先に挙げた人新世の複合的脅威の中にこそ挙げられていないが、人類社会に内在する課題、すなわち人口の膨張があるのではないかと感じている。国連人口基金の推定では一九世紀末の一九〇〇年におよそ一六億人だった世界人口は二〇世紀半ばの一九五〇年におよそ二五億人となり、二〇世紀末の一九九八年にはおよそ六〇億人にまで急増した。特に第二次世界大戦後の増加が著しく、二〇二四年現在、八〇億人を超えている。

その結果、危機に対処する人道支援のために必要な資源、特に食料や生活支援物資を確保することがより一層困難になってきているし、紛争後もその結果生じる環境の悪化によって影響を受ける集団の人口はさらに増えつつある。この問題に対処するための定まった考え方を持ち合わせているわけではないが、人がこの世に生を受けることの決定権を、子供を産む当事者である女性本人が完全に確保することは、極めて重要だと考える。いわゆるリプロダクティブ・ライトと呼ばれる女性固有の権利が最も優先されるか否かは、その集団の未来にとっての死活問題である。それが確保されるためには、女性の教育環境や教育の質が今よりも大きく改善されなければならない。女性の地位をさらに向上させること以外には、人口問題に取り組む有効な道筋は私には考えつかない。

この問題の考え方は、民族や宗教、思想信条によっても人それぞれなので、一律に何らかの政策や方針を打ち出すことはできない。他方で、米国では共和党が中絶反対の基本的立場を堅持していることから、政権交代が起きるたびにこの問題をめぐる国家の立場が一八〇度変わる。この問題は、他の外交問題とは次元が異なるので、特に共和党政権下の米国が関与している開発問題をめぐる交渉においては気をつけなければならなかった。

もっとも、米国政府が持つ影響力に鑑みれば、現在起きている大きな紛争はいずれもその関与なしでは、自由で民主的な社会を望む人にとって、解決の可能性すら見出せない。従って、特にこれからの数カ月から数年は、国連も紛争関係国の政府も、そして日本も、米国の政権担当者と上手に協力して忍耐強く平和の回復に取り組む以外にはない。そして、世代が変わりゆく数年後には、現在、人類が最も必要としている近隣国との平和な共存とグローバルな課題に取り組むための建設的で連帯感のある協力が国際社会のスタンダードとして回復していくものと考え、そうなるように祈りを捧げる日々である。願わくは、この本を手にしている若い読者がその未来のときに人々を導く国際人材となっていてほしい。

第14章　国際開発協力の将来

（日本は、国際社会で人間の安全保障が確保されることを目指してＯＤＡの資金を提供するのが理想だとは思うけど、国内の経済は停滞していて海外にお金を配るより国内で困っている国民を助けるのが先なんじゃないかなって、やっぱり思ってしまう。だからといって、日本が自分の力だけで繁栄していけるわけがないし、どうやったら最適な国際協力ができるんだろうか。国連にとっても日本がどう考えて国際協力をしようとしてるかは大事な問題なような気がするし、自分も国際問題を考えるときに、それは納得しておきたい気がする。）

2014年10月　UNDPとUNHCRが上智大学と教育連携協定を締結
上智大学プレスリリースより

Q20　この先、人間の安全保障を脅かす複合的な課題を乗り越えながらSDGsを目指して世界を住みやすくするために、国連の視点から見てどんな国際協力を進めていくのがいいと思いますか。

二〇二三年六月の開発協力大綱[105]

日本が国際協力を重視する理由は、日本国憲法の前文にわかりやすく書かれている。「日本の安全と生存を保持」するやり方として、さまざまな世界の課題を解決するために協力することで、国際社会において名誉ある地位を占めたいというメッセージだと私は理解している。他国の不幸の上に日本の繁栄を築こうとしたり、唯我独尊を決め込んで外国のことには無頓着を通すことで安全を確保するという国ではないと思われる。だからこそ、「平和を愛する諸国民の公正と信義」が発揮される場である国連などの国際機関でも積極的な役割を果たそうとしているのだと思う。

政府は、そのような国際協力を進めるための指針として、開発協力大綱という文書を閣議決定し、国際情勢や国内の社会情勢に合わせて時折改訂しながら、外務省やJICAなどの政府機関をはじめNGO、民間企業、大学の研究者などにもその考え方に基づく国際協力を促している。最近で

105　外務省HP　二〇二三年「開発協力大綱」
https://www.mofa.go.jp/mofaj/gaiko/oda/seisaku/taikou_202306.html

は、二〇二三年六月九日に改訂版開発協力大綱が閣議決定されたが、その改訂作業の過程が外務省のホームページで詳しく紹介されている。国際キャリアを目指す方は、ぜひ、このプロセスを注意深くフォローしてほしいと思う。

では、二〇二三年の開発協力大綱を詳しく見てみよう。基本方針を見ると、これまで紹介してきた新たな時代の人間の安全保障の考え方が中心に据えられていることがわかる。すなわち、「気候変動や感染症をはじめとする地球規模課題は深刻化」する一方で、「パワーバランスの変化と地政学的競争」が激化している中で、エネルギー・食料危機、インフレ、債務危機とも相まった複合的危機を生み出している」。このような背景においては、今まで以上にさまざまな主体との「連帯」と、援助を受ける側の国との「共創」が基本となってくる。つまり、一概に相手の自助努力を求めて、それが尽くされていないのに援助を提供するべきではないというのでもないし、かといって慈善事業のように弱者に施すという姿勢で提供するのでもない。どこまでも対話と協働によって社会的価値を創出し、援助を提供する日本社会にもその価値が還流することを目指すという、ｗｉｎ－ｗｉｎの協力を掲げている。

また、地政学的競争の相手として明らかに意識されている、中国の一帯一路政策に対抗する観点から、新しい時代の「質の高い成長」を掲げて、援助を受ける側が直面している気候変動・保健・人道危機に加え、デジタルや食料・エネルギー等にアドレスしている。その一方で、法の支配に基づく自由で開かれた国際秩序の維持・強化として、「自由で開かれたインド太平洋（ＦＯＩＰ）」実現のための取り組みを強調している。地域の重点としては、これまで日本政府がアフリカ諸国や国際機関と進めてきたＴＩＣＡＤも考慮されるものと理解している。

さらに、実施面での進化として、民間企業、市民社会、国際機関との連帯を強化して開発の効果を最大化するとともに、これまで援助を受ける国から日本政府への支援要請が援助実施の前提条件となるという「要請主義」だったのをあらため、能動的協力による戦略性の強化として日本の強みを生かした協力メニューを積極的に提案するという「オファー型」の協力を実施していくとしている。大学の研究者からの視点でいえば、二〇二三年の開発協力大綱の改訂に至ったプロセス、すなわちその前の開発協力大綱（二〇一五年）はどのように実施され、何が問題となり、どう変えるべきなのかなどについてのシステマティックな報告が十分ではないという批判がある。これから先、恐らくはＳＤＧｓ目標年の二〇三〇年くらいまでの達成度の観察や報告をデータを基に着実に評価を行っていけるような配慮が必要となるが、この点について大綱では、「毎年閣議報告される『開発協力白書』において本大綱の実施状況を明らかにする」と約束されている。

以上が、開発協力大綱の概要であるが、私やこの本の読者にとって重要なのは、このような日本政府の方針をどう評価するかだと思う。そこでは、前にも述べたように、自分の目玉を自分の体から「ぎ取って、さまざまな視点においてみる努力が必要となる。

自分自身の価値観とアイデンティティーを育てる

実は、この日本の開発協力大綱を見たときに世界全体の中でそれがどのような意味を持つのかについて思いを巡らせること、そしてできれば大綱の概要を説明できるくらい読み込んで、外国人の教員や知人に説明し、率直な意見を聞いてみることができれば、それは国連を目指すあなたの知識として非常に大きな価値を持つ。例えば、日本政府は今世界で起きているどのような状況に対応するために国際協力を行おうとしているのか。また、他の国々はそれをどう捉えることになるのか。そして、他の援助供与国が行っている援助を日本政府はどのように評価して、そこから何を学んで今回のような改訂を行ったのかなど、時間軸と空間軸を徐々に広げて、世界を立体的に捉えることができると素晴らしい。

私は、外務省に入って専門語であるフランス語の研修とパリの大使館勤務に就いた。そして、その次はアフリカ大陸に赴いたのは前述したとおりである。ここで気がついたことは、一九八〇年代前半の四年余りに及ぶ欧州のフランスでの勤務が始まって間もなく、日本を欧州から見ると大変に遠い国であり、彼らから見れば開発途上の地域であるアジアで、第二次世界大戦の敗戦という絶望と欠乏の中にありながら、年月をあまり経ずして先進国として急速な発展を遂げ、技術力で市場を拡大しつつある国というようなものであった。それが、今度はアフリカから見ると、アジアの国々はほとんどが中国人とインド人である中で、見た目は中国人とほぼ同じだが、サムライや柔道家がいる国という見え方だった。このような二つの視点からの日本という国のパフォーマンスの計測を行うことができると、単に組織力、効率性や勤勉さが高いといった国民の能力の特性だけではなく、まさに一人ひとりの日本人の考え方や生き方が日本の国のイメージを形作っていることを知った。さらに、ニューヨーク勤務を経験したことによって、私にとっての日本の実像はより一層解像度が高まったように思う。国際人材として世界の中で働くうえで日本の歴史や文化について深い知識を持ち、それを語ることができれば素晴らしい。なぜなら、日本人なら日本、フランス人ならフランスという「出身国」というものが人間のアイデンティティーの中核をなす場合が多いからである。中には、家族の仕事で子供時代に海外生活を送り、それがゆえに日本の生活や文化についての知識が不十分であると自分で考えている読者もおられるかもしれない。しかし、知識や経験の量が個人のアイデンティティーを決定するとはいえないと考える。いくつかの異なった視点から自分の国を見つめ直してみることで次第に明らかになっていくことが有益だと思う。

そのようにして自分が自分の中に構築した日本の実像と、日本が実施しようとしている開発協力大綱を重ね合わせてみると、本当にｗｉｎ－ｗｉｎの実りの多い国際協力はどうすれば可能になるのか、またそこに自分がどのように関わるべきかが見えてくる。

私の場合、次のように考えた。日本は江戸時代の長い鎖国の後に近代化を進めるうえで、脱亜入欧を目指した。そして欧米の強国との軍拡競争、対立と経済圏の拡大の結果、大国を相手に勝ち目のない愚かで悲惨な戦争に挑み、多くの国民や関係国の人々の命が失われたばかりか、歴史上核兵器

2018年1月　上智大学を訪問したグテーレス国連事務総長と曄道学長　　著者撮影

を実際に使用された唯一の被爆国となった。そこに至るまでの過程で、国際社会の中であまり賢明な外交を行えず、結果自国の安全保障を棒に振った事実は否めない。敗戦後は、あらゆるものを失ったどん底から復興した経験は極めて貴重であり、戦争の悲惨さの経験とともに忘れることなく世代を超えて受け継がれるべきものだと思う。また、戦後は国連の組織を通じて憲法の前文が描くような安全と繁栄を実現することを誓ってその加盟国となり、その努力が実って、「平和を維持し、専制と隷従、圧迫と偏狭を地上から永遠に除去しようと務めている国際社会において、名誉ある地位を占め」ていると信じる。日本のそのような努力の一環として、自分は外務省で育ち、やがて国連に入って人間の安全保障の確保のために働いた。

　では、そのような国連をどのように効果的に活用して紛争の解決、平和構築やグローバルな課題への取り組みを進めるかを考えるうえで、最も必要なものは何か。国際貢献には、政治的貢献、財政的貢献、人的貢献があるが、この人的貢献がｗｉｎ－ｗｉｎの国際協力のカギであると考える。それが、私がこの本を書こうと考えた最大の理由である。開発協力大綱の中で描かれている複合的な課題を克服するための連帯という日本が目指すアプローチに、ありのままの自分自身のアイデンティティーに基づく創造性で参加される読者がおられれば、それがあるべき国際協力の姿であると信じる。

終わりに

国際キャリアを目指す読者へのアドバイス

将来、国際的なキャリアを目指す人々のヒントになればと思い、お話ししたい。

私は外交官になる前の大学生時代、学部では開発経済学を専攻し、マクロ経済学や経済開発論を専門としていた。しかし、市場経済が拡大と均衡を保ちながら成長するのであれば、なぜ貧しい国は貧しいままなのかと強く疑問に思った。そして最終的に、それは国と国際社会のガバナンスの問題だと気づいた。

だから、若い人たちには、国際社会のグローバル・ガバナンスや途上国政府のガバナンスを、とにかく自分の足で近づいて観察してほしい。国連は、世界政府のようなグローバル・ガバナンスの能力やリソースを持っているわけでもないし、そうなることまでは期待されていないかもしれない。しかし、世界中の国が集まり、共通の課題に取り組むための国際協力を通じてガバナンスを改善するための多くの取り組みのショーケースでもある。

また、自分の意見を述べるにはまだ経験が足りないなどといわないでほしい。かつて日本の明治時代の「教育勅語」には、「恭倹《きょうじ》己《おのれ》を持《じ》し」の態度が美徳であると説かれていたが、他人を尊重する

図８：国連職員に求められるコア・コンピテンシー

が自分は遠慮して意見をあまりいわないという美徳は、国際社会ではまったく通用しない。ガバナンスの向上に携わり、開発と平和に貢献するために責任を果たそうと努力する以上、小さなエゴは捨てて、大義のために立ち上がり、声を大にして意見を述べていただきたい。

私も含め、言葉やコミュニケーション能力とは、結局のところ、誰にでもわかる言葉でいかに効果的に伝えられるかということだと考えている。どんなに美しい言葉を使っても、中身がなければ意味がない。遠慮なくお互いの個性を切磋琢磨し、特に若い世代として問題提起や議論をしてほしい。

国際的に貢献する人材を目指すとき、縦軸として自分の専門分野に深い知識を持ちつつ、他の分野に対しても幅広くグローバルな視点を持つT型人材を目指す学習が基本といわれている。さらにもう一、二本専門分野の縦軸を増やしてπ（ギリシャ文字：パイ）型人材となることが理想だ。私も紛争解決、ガバナンスという専門分野に国際保健

「国連壁新聞」全国大会優秀賞を受賞した小中学生を讃えるグテーレス事務総長

著者撮影

という学問領域との接点を見つけたことで、自分の視野が広がり、そのことで少しは人々の役に立てたのならうれしい。

そして実際に困難に直面している人のそばへ行って、話を聞きたい。現場へ行って実際に問題に向き合ってみたい。そんな気持ちを共有したい。

そして、「誰かが何とかしなきゃ、自分も何かしたい」と感じたら、それは国際人材誕生の瞬間である。私は、その人のキャリア設計を応援したい。それが私たちが絶滅の道を選ばないための第一歩だからだ。

謝辞

私が職業人生を送った一九八一年から二〇二三年の間に、二〇世紀から二一世紀へと世紀が変わり、年号も昭和、平成、令和と変わった。世界の大きな変化の中で外務省や国連で紛争や災害そして貧困や人権侵害に苦しむ人々の役に立つ仕事をしたい思いで駆け抜けた。今回、「本を書く」という機会を得て、自分自身の心の中の葛藤と向き合えたことに感謝している。その葛藤とは、非力な自分一人の力では他者の役に立つ仕事を成し遂げるのはおぼつかないのに、自分に与られる責任は常にそれを求めてくるというギャップだった。

上智大学国際協力人材育成センターの監修による「国際協力・国際機関人材育成シリーズ」の出版を通じて、私がそのようなギャップに直面した様子をつぶさに記述した。将来の国際人材を目指す方々の参考になればとの思いである。

ただし、記述されている知識や事実の検証は、必ずしも専門の研究者の方々の精査に堪え得るものではないことを承知しており、まずはお詫びしたい。今後、研究者の端くれとして、さらに大学や研究機関の一員として調査や研究に取り組み、学術的に意味があるものをお届けすることが、お世話になった方々への私の恩返しであり目標でもある。

未熟な私に出版の機会を与えてくださった、学校法人上智学院のアガスティン・サリ理事長、曄道佳明学長、植木安弘教授に心から感謝申し上げる。また、上智大学国際協力人材育成センターの堀内俊一様、庄司美知子様、久野浩子様、国際開発ジャーナル編集者の中村裕美様の並々ならぬご指導に御礼申し上げたい。さらに、資料やご著作の引用を許してくださった、国連開発計画（ＵＮＤＰ）のハジアリッチ秀子駐日代表、長谷川祐弘元国連事務総長特別代表、東大作上智大学教授をはじめとするかつての上司・同僚、研究者の方々、開発協力大綱や種々の資料を引用させてくださった、外務省、国際協力機構（ＪＩＣＡ）の皆様にも厚く御礼申し上げる。

そして、紛争地に赴く間は家族が離れ離れになっても常に励ましてくれた妻と二人の子供たちに心から感謝している。

上智大学には数多くの世界の要人が訪問されるが、本書のとおり二〇一八年にはグテーレス国連事務総長が、また二〇一九年にはフランシスコ教皇が同大学で講演された。教皇が、「真正な人間性は、閉じた扉の下からそっと入り込む霧のようにほとんど気づかれないながらも、新たな総合へと招きつつ、テクノロジー文化のただ中に住まっているようです。真正なものの粘り強い抵抗が生まれるのですから、いろいろなことがあったとしても、期待し続けることはできるのではないでしょうか」と学生に講演されたことが印象に残った。私の母はカトリックではなかったが、決して楽ではない母子家庭を支えて信仰を保つ中、私に教えたことがあった。それは人生の師匠を持ち自身の困難から逃げずに向き合うこと、また不幸に見舞われた人々に同苦することは重荷や負担では決してなく、自分が本当の自分であり続けるための証であるとの考え方だった。その母にもここで改めて感謝を捧げたい。

平和構築と持続可能な開発のためには人々の行動変容が不可欠である。本書でもチャドの例を挙げたように、これからの世界から戦争を消し去り、持続可能で他者を思いやることのできる社会を目指すうえで、日本ではあまり注目されてはいないが、人々の信仰をベースにした対話というものが一つのきっかけになるのではないかと考えている。

最後に、私の拙い文章を最後まで読んでくださった皆様に心から感謝申し上げたい。

上智大学国際協力人材育成センターについて

本書は、上智大学国際協力人材育成センター（略称ＳＨＲＩＣ）の「国際協力・国際機関人材育成シリーズ」第七作目です。本シリーズは、当センター所員や客員研究員を中心に、国際連合（国連）、世界銀行など国際機関での豊富な職務経験をもつ筆者の体験談を基に書かれたものです。これから国際機関や国際協力分野を目指す方々の一つの指針となることを目指しています。今回は、前ＵＮＤＰ国連開発計画駐日代表を務められた近藤哲生氏の執筆によるものです。同氏は現在当センターのアドバイザリー・ネットワークのメンバーであり、また本学大学院で講師を務めておられます。

当センターは、国際協力という幅広い分野において将来キャリアを目指したいという学生や社会人を支援する活動を推進する目的で二〇一五年に設立されました。国連その他の国際機関によるシンポジウムやキャリアセミナーの開催、「国連職員と話そう！」といった現職や退職した方々と直接対話するイベントを毎年多数企画しています。また、国際機関や政府機関、ＮＧＯなどの専門家からなるアドバイザリー・ネットワークを構築しており、さまざまな分野におけるキャリア・アドバイスを提供しています。

当センターは、毎年左記の実践的講座を開講しています。

国際公務員養成コース　春・秋　年二回開講
国際公務員養成英語コース　春・秋　年二回開講
緊急人道支援講座　春・秋　年二回開講
実務型国連集中研修プログラム　夏期五日間の集中講座（ニューヨーク国連本部で実施）
バンコク国際機関実務者養成コース　秋開講
詳しくは、当センターのホームページでご案内しております。
https://dept.sophia.ac.jp/is/shric/extension-courses

二〇三〇年を目指して推進している「誰一人取り残さない」という国連の持続可能な開発目標（SDGs）の達成の前には、気候変動や紛争、自然災害など国際社会が直面している課題は多く、さらなる国際協力が不可欠となっています。このような中で、グローバルな視野を持ち、ローカルの事情に合わせて活躍できる国際協力の人材育成がこれまで以上に叫ばれています。「他者のために、他者とともに」行動し、「誰一人取り残さない」世界の実現に向けて、ともに歩んでいきましょう。

植木安弘　上智大学大学院グローバル・スタディーズ研究科教授
上智大学国際協力人材育成センター所長

二〇二四年二月

既刊「国際機関・国際協力人材育成シリーズ」　発売元　丸善出版株式会社

各定価一一〇〇円（税込み）

NO．1　世界銀行ダイアリー：グローバル・キャリアのすすめ　二〇一八年刊

鈴木博明　当センター客員所員　元世界銀行主席都市専門官

NO．2　歴史に生きる―国連広報官の軌跡―　二〇一九年刊

植木安弘　上智大学教授　元国連広報官

NO．3　国際緊急人道支援のキャリアと仕事―人の命と生活を守るために―　二〇二〇年刊

国連機関、国際協力機関等一三名による共著

小松太郎　上智大学教授編集

NO．4　格差と夢―恐怖、欠乏からの解放、尊厳を持って生きる自由

国連の開発現場で体験したこと　二〇二一年刊

浦元義照　上智大学特任教授　元UNICEF、UNIDO、ILO職員

NO．5　「心の中に平和のとりでを築く」に魅せられて

―ユネスコを通して出会った人々との軌跡五〇年―　二〇二二年刊

山下邦明　当センター客員所員

元国際連合教育科学文化機関（UNESCO）職員

NO. 6　国際公務員とキャリア戦略
―元国連人事官が明かす魅力と成功へのカギ―　二〇二三年刊
茶木久実子　元国連人事官　・　玉内みちる　元ユニセフ人事官

資料編 ① UNDP 二〇二三—二五年の戦略計画

グラム国の
先開発事項
世界の開発
策を統合
3つの変化
レジリエンスの構築
構造的な改革
一人も取り残さない
SDGs
国際公共財
ジリエンスの構築、一人も取り残さない、構造的な変革
困と格差、ガバナンス、レジリエンス、環境、エネルギー、ジェンダー
ジタル化、戦略的イノベーション、開発資金
らの組み合わせは、UNDPが最適なアクションを提供する上で有益である。
は、国ごとの目標や開発優先事項にしたがって決められる。

UNDPが提案するアクション

6つの解決策（シグナチャーソリューション）
3つの支援手段（エネーブラー）

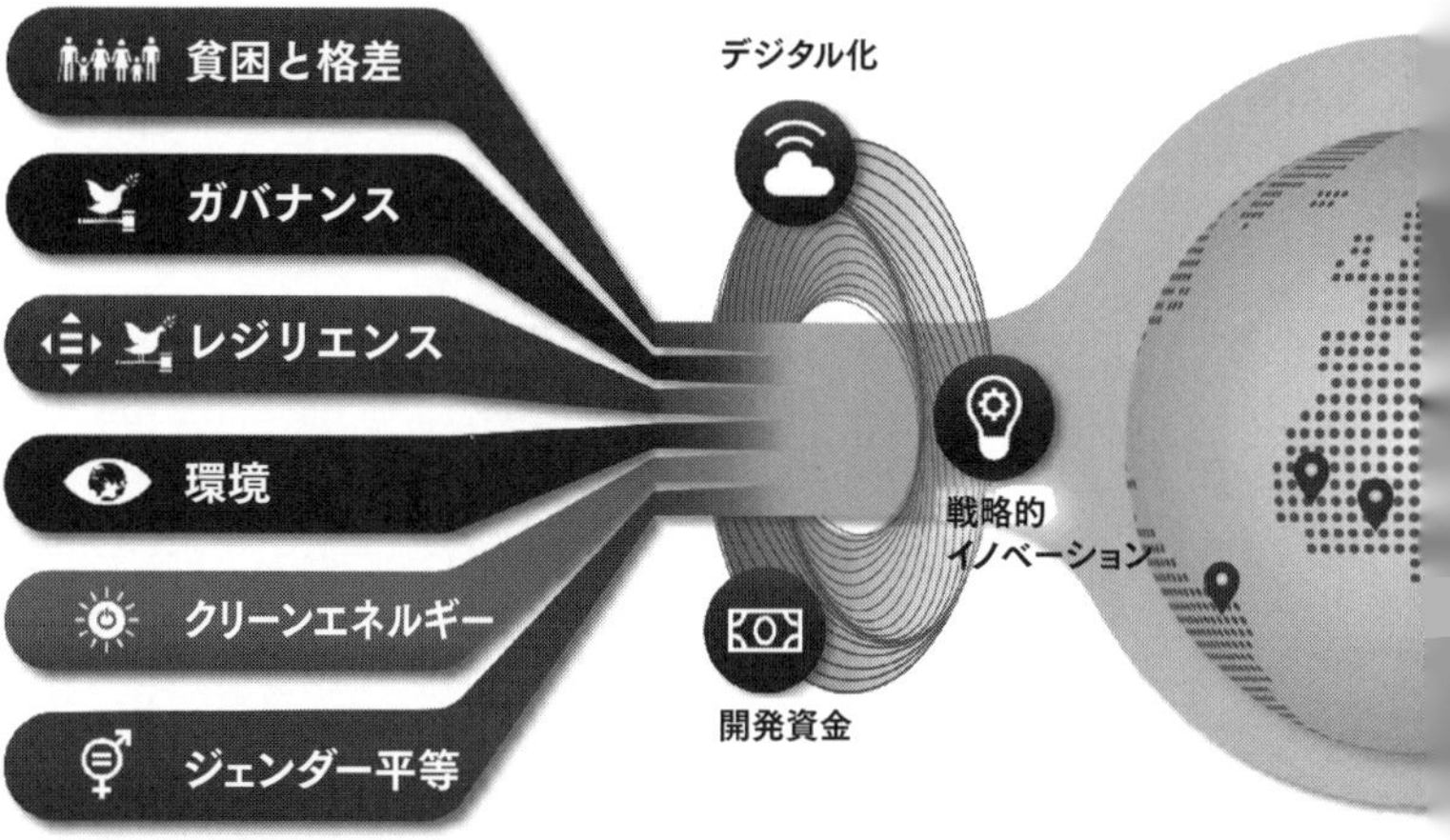

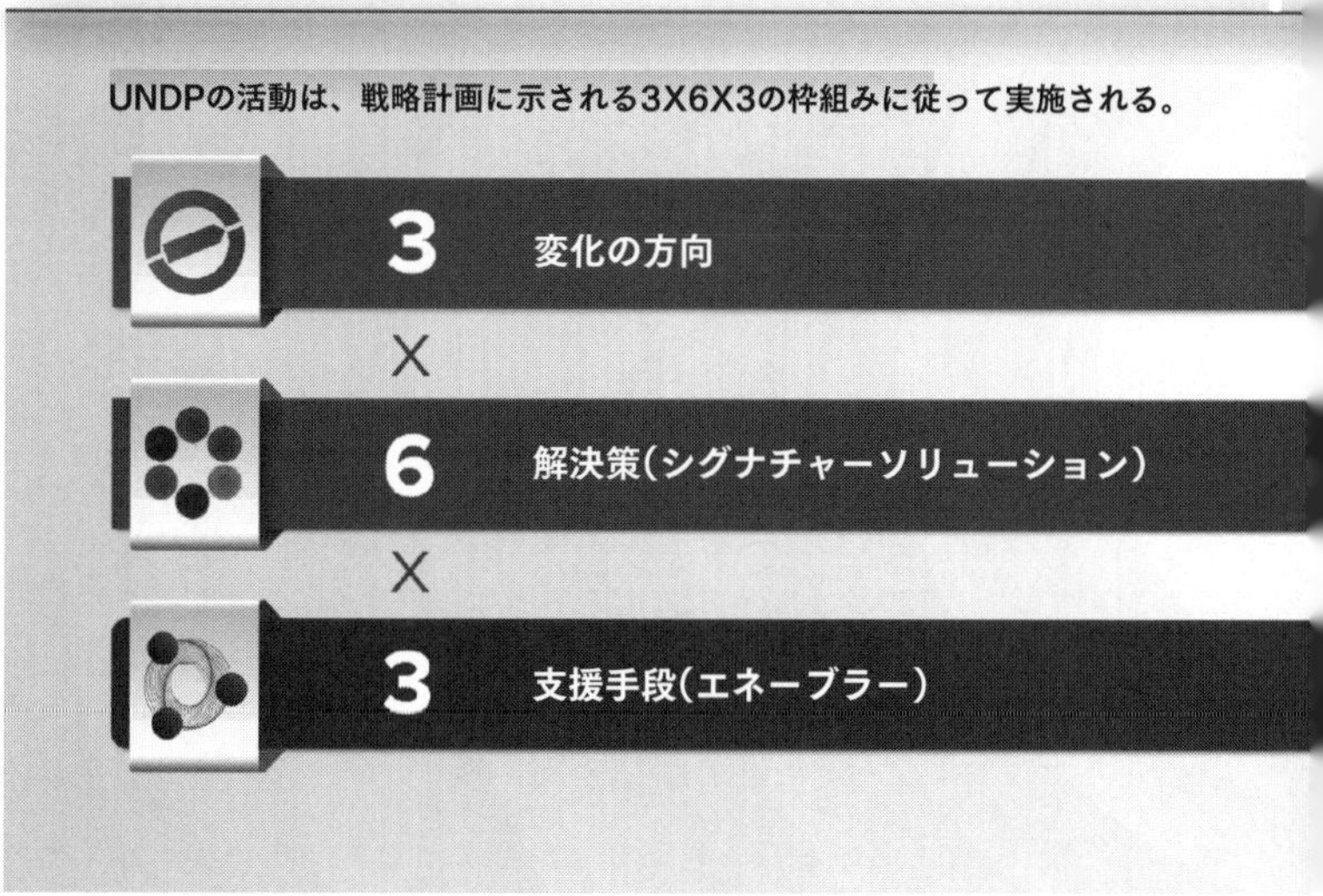

出典：UNDP 戦略計画 2022–2025

② 開発協力大綱（出典外務省ホームページ）
～自由で開かれた世界の持続可能な発展に向けた日本の貢献～

令和五年六月九日閣議決定

Ⅰ．基本的考え方

1．策定の趣旨・背景

(1) 国際社会は歴史的な転換期にあり、複合的危機に直面している。気候変動、感染症を始めとする地球規模課題は深刻化し、多くの開発途上国は経済成長の減速と国内外の経済格差に見舞われている。同時に、パワーバランスの変化と地政学的競争の激化の中、武力の行使による一方的な現状変更を加える行動が生じるなど、自由で開かれた国際秩序及び多国間主義は重大な挑戦にさらされ、国際社会の分断のリスクは深刻化している。これは、多くの開発途上国にとって更なる打撃となり、エネルギー・食料危機、インフレ、債務危機、人道危機とも相まった複合的危機を生み出している。今やグローバリゼーションと相互依存が国際社会の平和と発展につながるという考えの限界がますます明らかになった。

(2) 拡大する経済格差等に起因する開発途上国の不満も、国内、さらには国家間の関係に新たな緊張をもたらしている。多くの開発途上国は地政学的競争に巻き込まれることを回避しようとしているが、一部には自由で開かれた国際秩序に挑戦する動きに同調する国もある。このように、世界各地の様々なリスクが我が国を含む世界全体に直接的な悪影響を及ぼす中、自由で開かれた秩序の下で、平和で安定し、繁栄した国際社会を構築していくことは、我が国の国益に直結している。

(3) 今日、国際社会は、複合的危機の克服のため、価値観の相違、利害の衝突等を乗り越えて協力することをかつてないほど求められている。持続可能な開発目標（SDGs）や気候変動に関するパリ協定といった国際的な協力による開発課題の進展への期待が動揺している今こそ、我が国は、平和国家、そして責任ある主要国として、「人間の安全保障」の理念に基づき、こうした国際的な協力を牽引すべき立場にある。国際関係において対立と協力の様相が複雑に絡み合う中、我が国の外交的取組の中でも開発協力が果たす役割は格別の重要性を有している。

(4) 開発資金のニーズは膨大である。新興ドナー国の台頭は、資金需要への一定の補完となる一方で、債務持続可能性への配慮が十分でない借款供与等により一部の開発途上国で債務問題が発生する等、開発途上国の自立的・持続的成長につながらない支援も見られている。開発途上国の自立的・持続的成長のため、国際社会全体が、透明かつ公正なルールに基づいた協調的な開発協力を展開することが求められている。また、開発途上国への民間資金の流入が政府開発援助（ODA）を始めとする公的資金を大きくしのぎ、民間企業、市民社会、国際機関等の多様なアクターが重要な役割を果たしている中で、これらのアクターとの連携や新たな資金動員に向けた取組もより重要になっている。

(5) こうした歴史的な転換期にあって、開発協力が果たすべき役割、開発課題やその手法にも変化が生じている。そのため、二〇二二年一二月に策定された国家安全保障戦略（令和四年一二月一六日閣議決定）も踏まえ、二〇一五年の開発協力大綱を改定し、我が国の外交の最も重要なツールの一つである開発協力を一層効果的・戦略的に活用する。

(6) 本大綱は以下のとおり構成される。まず、我が国の開発協力の目的と我が国の開発協力がよって立つ基本方針を示す。次に、開発協力が取り組むべき重点政策を示す。その上で、開発協力の効果的・戦略的実施のために我が国がとるべきアプローチ、適正性確保のための原則、実施体制・基盤について示す。

(7) なお、本大綱上、開発協力とは「開発途上地域の開発を主たる目的とする政府及び政府関係機関による国際協力活動」を指すものとし、平和構築やガバナンス、基本的人権の推進、人道支援等も含む広い概念として扱う。その上で、ODAとその他公的資金（OOF）や民間資金（PF）との連携を強化し、開発のための相乗効果を高めていく。

2. 開発協力の目的

(1) 我が国は、一九五四年にコロンボ・プランに加盟して以降、一貫して国際社会の平和と繁栄を希求し開発協力に取り組んできた。我が国自身、第二次世界大戦後に国際社会からの支援も受けて復興を遂げ、高度経済成長を実現した。我が国は、その過程で得た知見・経験・技術・教訓を活かし、特色ある協力によって開発途上国の発展の土台の形成を後押しするとともに、地球規模課題の解決、そして国境を越えた円滑な経済・社会活動の国際環境づくりに取り組んできた。こうした約七〇年にわたる歩みは、責任ある主要国としての我が国の在り方を体現するものであり、我が国の信頼とソフトパワーの強化につながってきた。

(2) また、我が国が開発協力を通じて開発途上国の安定と発展に貢献し、平和で安定し、繁栄した国際社会の構築に取り組んできたことは、国際社会の一員として生きる我が国の国民の生活を守り、繁栄を実現することにもつながってきた。

(3) 今日の複合的危機の時代においては、我が国のみで様々な課題に対処することはできず、開発途上国とも協力し、開発課題や複雑化・深刻化する地球規模課題に共に対処していくことは、責任ある主要国としての我が国の責任でもある。そして法の支配に基づく自由で開かれた国際秩序の下、平和で安定し、繁栄した国際社会を開発途上国と共に築いていくこと、その中で、より多くの国との間で信頼関係を粘り強く構築していくことは、とりもなおさず我が国自身の国益の増進につながる。

(4) 上記を踏まえ、我が国の開発協力の目的を以下に示す。

ア　開発途上国との対等なパートナーシップに基づき、開発途上国の開発課題や人類共通の地球規模課題の解決に共に対処し、法の支配に基づく自由で開かれた国際秩序の下、平和で安定し、繁栄した国際社会の形成に一層積極的に貢献すること。

イ　同時に、我が国及び世界にとって望ましい国際環境を創出し、信頼に基づく対外関係の維持・強化を図りつつ、我が国と国民の平和と安全を確保し、経済成長を通じて更なる繁栄を実現するといった我が国の国益の実現に貢献すること。

(5)　その際、開発協力が国民の税金を原資とする点や開発協力が上記の目的を果たす上でいかなる効果を上げたかという点を強く意識し、世界と日本にとってより望ましい国際環境を創出していくため、外交の最も重要なツールの一つである開発協力を一層戦略的、効果的かつ持続的に実施していく。

3．基本方針

我が国が長年の開発協力の歴史の中で培ってきた哲学と手法を踏まえ、これらを更に発展させるため、我が国の開発協力がよって立つ四つの基本方針を以下に示す。

(1)　平和と繁栄への貢献

非軍事的協力によって開発途上国の開発課題や人類共通の地球規模課題の解決に貢献してきた我が国の開発協力は、国際社会の平和と繁栄を誠実に希求する平和国家としての我が国に最もふさわしい国際貢献の一つである。我が国は引き続きこれを堅持し、国際社会の平和と繁栄の確保に積極的に貢献する。

(2)　新しい時代の「人間の安全保障」

ア　一人ひとりが恐怖と欠乏から免れ、尊厳を持って幸福に生きることができるよう、国・社会づくりを進めるという人間の安全保障の考え方は、人間の持つ崇高な理想・理念を体現する我が国の在り方の基本であって、自由、民主主義、基本的人権の尊重、法の支配といった価値に通じるものでもある。我が国は、引き続き、人間の安全保障を我が国のあらゆる開発協力に通底する指導理念に位置付ける。

イ　新しい時代に対応する人間の安全保障を実現するためには、保健・栄養・教育を含む分野における個人の保護と能力強化といった「人への投資」、人間中心の開発を通じた強靭かつ回復力に富んだ国・社会づくりが引き続き重要である。加えて、複合的危機の時代においては、諸課題がますます複雑に絡み合うようになっており、多様な主体が共通の目標のため連帯して取組を進めることが不可欠である。

我が国は、個人の保護と能力強化、そして、様々な主体の連帯を新しい時代の「人間の安全保障」の柱とし、人間の主体性を中心に置いた開発協力を行っていく。

(3)　開発途上国との対話と協働を通じた社会的価値の共創

ア　開発途上国の自助努力に対する支援を通じた自立的発展を目指し、現場主義に基づいた対話と協働により相手国に合ったものを共に粘り強く作り上げてく精神、及びその中で対等に学び合う双方向の関係を築いていく姿勢は、我が国の開発協力の良き伝統である。

イ　明確な解決策が見つかっていない新たな課題が山積する現在の複合的危機の時代において

は、相手国を中核に置いた上で、様々な主体を巻き込み、それぞれが対等なパートナーシップの下で、互いの強みを持ち寄り、対話・協働することにより新たな解決策を共に創り上げていくことが必要である。我が国は、これまでの自助努力支援、対話と協働の伝統を活かし、こうした「共創」により、新たな価値を生み出していくことを目指す。

ウ　また、こうして生み出した新たな解決策や社会的価値を我が国にも環流させること、こうした取組の中で、我が国と開発途上国の次世代を担う人材を育てていくことにより、我が国自身が直面する経済・社会課題解決や経済成長にもつなげることを目指す。

(4)　包摂性、透明性及び公正性に基づく国際的なルール・指針の普及と実践の主導

我が国の開発協力は、包摂性、透明性及び公正性を一貫して重視している。複合的な課題に対し、様々な主体が連携しながら取り組む上では、開発協力の関係者の共通の基盤となるルール・指針が不可欠である。国際社会として協調して課題解決に取り組むべく、我が国は、包摂性、透明性及び公正性に基づく開発協力のルール・指針の普及や実践を主導するとともに、そうしたルール等に基づく協力を展開する。これにより、債務の罠や経済的威圧を伴わず、開発途上国の自立性・持続性を損なうことのない協力を実現していく。

Ⅱ．重点政策

我が国の開発協力は、以下の重点政策に取り組む。これらの重点政策を、相互関連性に留意しつつ、効果的・戦略的・機動的に実施するため、地域別・国別開発協力方針を別途定める。

1．新しい時代の「質の高い成長」とそれを通じた貧困撲滅

(1) 我が国はこれまで、「国づくりは人づくり」という考え方の下、きめ細かな人づくり、質の高いインフラの整備、法制度構築等を行い、民間部門の成長等を通じた経済成長を実現すること、そして、その成長を、「質の高い成長」とすることにより、最も基本的な開発課題である貧困撲滅を持続可能な形で解決し、一人ひとりが尊厳をもって、幸福に生きられる豊かな社会を実現することを目指してきた。「質の高い成長」とは、成長の果実が社会全体に行き渡り、誰ひとり取り残さない「包摂性」、世代を超えた経済・社会・環境が調和する「持続可能性」、自然災害や経済危機等の様々なショックへの耐性及び回復力に富んだ「強靭性」を兼ね備えた成長である。

(2) 複合的危機の時代において、「質の高い成長」は、以下に示すとおり、ますます重要になってきている。

ア　包摂性：感染症、紛争、大規模災害等により、世界の貧困人口は増加に転じるとともに、一部の国では格差の拡大や人道状況の悪化が見られており、難民・避難民、こども、女性やマイノリティ等脆弱層への支援が一層求められている。

イ　持続可能性：気候変動対策、海洋・生物多様性等の豊かな地球環境、エネルギー・食料の安定供給等の持続可能性が一層課題となっている。同時に、対外債務残高の増加や特定国への依存等による債務持続可能性の悪化もより深刻な課題になっている。

ウ　強靭性：サプライチェーンの脆弱性によって、医療、食料価格、工業生産等の多様な分野で負の影響が生じ得ることが明らかになり、経済面での自由で開かれた国際秩序の強靭性向上や経済の多角化等による国内経済の強靭化が一層課題となっている。激甚化する自然災害に対しても強靭性が必要である。

(3)　上記を踏まえ、我が国は、経済成長の基礎及び原動力を確保する協力と人々の基礎的生活を支える人間中心の開発のための協力の双方を行うことにより、「質の高い成長」とそれを通じた貧困撲滅に取り組む。その際、複合的危機の時代における開発課題の変化を踏まえ、特に以下の分野における取組を強化する。

ア　食料・エネルギー安全保障など経済社会の自律性・強靭性の強化：開発途上国の経済社会の自律性・強靭性の強化の観点から、サプライチェーンの強靭化・多様化や経済の多角化、資源の持続的供給、技術の育成・保護、投資環境整備、食料増産、栄養改善等のための協力を推進する。特に、サプライチェーンの強靭化・多様化や重要鉱物資源の持続可能な開発、食料の安定供給・確保は、開発途上国の持続的成長のみならず、我が国にとっても重要であり、供給先の多角化や人材育成・法制度整備、周辺インフラ整備等の支援に積極的に取り組んでいく。

イ　デジタル：デジタルトランスフォーメーション（DX）は、あらゆる開発課題に直結しており、「質の高い成長」を達成する鍵となる。信頼性のある自由なデータ流通（DFFT）を促進するとともに、データ利活用促進やデジタル技術の社会実装を通じた課題解決に取り組む。同時に、デジタル格差やデジタル技術の発展による脆弱性（サイバーセキュリティ）にも対応していく。

ウ　質の高いインフラ：開発途上国においては依然として膨大なインフラ需要がある。我が国は、海上・航空等の安全管理、防災・強靭化技術、気候変動・環境の対応に資する都市開発、安全・安心の交通システム、電力・エネルギーインフラや水供給等に強みを有する。これらの強みを活かして相手国の社会課題解決につなげるため、インフラ整備と制度整備、運営・維持管理への関与、人材育成等による連結性といったソフト面での協力を組み合わせることにより、透明性、開放性、ライフサイクルコストから見た経済性、債務持続可能性等を兼ね備えた「質の高いインフラ」の整備を推進する。その際、民間企業の円滑な事業展開を適切に支援していく。

2.　平和・安全・安定な社会の実現、法の支配に基づく自由で開かれた国際秩序の維持・強化

(1)　開発途上国において平和で安全な、かつ、安定した社会を実現すること、及び法の支配に基づく自由で開かれた国際秩序を維持・強化することは、開発途上国の「質の高い成長」を実現する

上での前提である。

(2) しかし近年、開発途上国では、地政学的な緊張に伴う平和と安定の問題の再燃、民主化・人権擁護に逆行する動き、海賊やテロの発生等により、平和で安全な、安定した社会が脅かされている。こうした脅威は、長年の開発努力を一瞬で無に帰し得るものである。「人間の安全保障」の実現に向け、我が国は紛争や不安定の様々な要因に包括的に対処するとともに、人道・開発・平和の連携（ネクサス）に留意しつつ、切れ目のない平和構築支援を行う。その際、状況に応じ、国際連合平和維持活動（ＰＫＯ）等の国際平和協力活動とも連携する。また、海上保安能力の向上を始めとする法執行機関の能力強化、テロ・海賊対策等の海洋安全保障を含む、社会の安全・安定の確保のための支援を行う。さらに、各国における法の支配の確立、グッドガバナンスの実現、民主化の促進・定着、基本的人権の尊重等のため、法令の起草支援や制度整備支援、人材育成等の法制度整備支援を行う。透明かつ公正な開発金融等のルールの普及と実践等に資する取組も強化していく。さらに、自然災害等の緊急事態に際しては、国際緊急援助を含め、迅速かつ効果的な緊急人道支援を行う。

(3) 加えて、国際社会の分断を防ぎ、より大きな市場を作り、経済発展の果実を多くの国で共有していく上でも、法の支配に基づく自由で開かれた国際秩序と多国間主義を国際社会の共通の土台としていく努力は、重要性を増している。この観点から、特に、自由で開かれたインド太平洋（ＦＯＩＰ）のビジョンの下、法の支配に基づく自由で開かれた国際秩序の維持・強化に取り組むとともに、開発途上国がそれに主体的に関与し、力や威圧の影響を受けず、その果実を享受できるようにするための協力を行う。

3．複雑化・深刻化する地球規模課題への国際的取組の主導

(1) 感染症や気候変動等、国境を越えて人類が共通して直面する課題は、国際社会全体に大きな影響を与え、多くの人々に被害をもたらし、特に脆弱な開発途上国、貧困層等の脆弱な立場に置かれた人々により深刻な影響をもたらす傾向にある。

国際社会全体が二〇三〇年までに達成すべき課題と目標を定めたＳＤＧｓは、複合的危機によって進捗に遅れが生じている。

(2) こうした点も踏まえ、我が国は、二国間及び多国間双方の開発協力を有機的に連携させながら、脆弱国・地域等への協力に引き続き取り組みつつ、以下を含め、「人間の安全保障」の理念を踏まえ、ＳＤＧｓ達成に向けた取組を加速化すること等により、国際協力を牽引し、地球規模課題の解決に向け、総合的な取組を強化していく。

ア　気候変動・環境：気候変動は、世界のあらゆる国々の持続可能な開発にとって脅威である。我が国の開発協力をパリ協定の目標に整合させるとともに、開発途上国の気候変動への対応能力を向上させるため、緩和策（温室効果ガスの排出削減・吸収増進等）及び適応策（気候変動による被害の回避・軽減等）の双方に対する支援を推進し、開発途上国の各開発課題への対

処と気候変動対策の推進の双方に貢献する。そのため、民間資金の動員や国際機関等との連携を一層推進し、国際的な支援規模の拡大を図る。また、地球環境の保全は地球の未来に対する我々の責任であると認識し、生物多様性の主流化やプラスチック汚染対策を含む海洋環境・森林・水資源の保護等の自然環境保全の取組を強化していく。

イ　保健：グローバルヘルス戦略（令和四年五月二四日健康・医療戦略推進本部決定）を踏まえ、グローバルヘルス・アーキテクチャーの構築に貢献し、将来の公衆衛生危機に対する予防・備え・対応を強化するとともに、保健人材育成を含む開発途上国の保健システム強化等を通じてより強靭、より公平、より持続可能なユニバーサル・ヘルス・カバレッジ（ＵＨＣ）を推進していく。

ウ　防災：防災の取組は、貧困撲滅と持続可能な開発の実現に不可欠である。気候変動の影響により災害の頻発化・激甚化も懸念される中、仙台防災枠組も踏まえ、我が国の防災・減災の知見も活かした協力を推進する。

エ　教育：「人間の安全保障」を推進するために不可欠な「人への投資」として極めて重要である。万人のための質の高い教育、女性・こども・若者のエンパワーメントや紛争・災害下の教育機会の確保の観点も踏まえて、引き続き強力に推進する。

(3)　地球規模課題への対応には、先進国、新興国、開発途上国を含む国際社会全体の協力が必要であり、国際場裡における課題設定やルール作りが、とりわけ重要である。国際保健、環境等の分野におけるルール作りに一層積極的に貢献するとともに、国内資源の動員強化、ドナーベースの拡大、国際開発金融機関の改革、新たな資金動員手法の検討等の議論を主導していく。また、二〇三〇年以降の開発目標に関する国際的な議論にも、各国と協調しつつ、積極的に貢献していく。

Ⅲ．実施

1．効果的・戦略的な開発協力のための三つの進化したアプローチ

前述の目的の実現と重点政策推進にとって最大限の効果が得られるよう、開発協力は以下の方策をとる。

(1) 共創を実現するための連帯

誰も明確な解を持たない複雑に絡み合った開発課題が山積する時代においては、共通の目標の下、様々な主体がその強みを持ち寄り、対話と協働によって解決策を共に創り出していく共創が求められる。我が国の開発協力は、日本の経験や知見、教訓等を活かし、開発の課題設定を行うと共に、開発途上国を中核に置きつつ、様々な主体を巻き込んだ開発のプラットフォームを形成・活用し、かつ、そこで生み出された解決策を、資金を含む多様な資源の動員を通じて力強く後押ししていくことを目指す。また、ＯＤＡに係る幅広い資金源の拡大を推進する。それらの観点から、以下のパートナーとの連帯を強化していく。

ア　民間企業

民間企業の取組は、開発途上国の開発課題の解決と持続的成長に一層重要な役割を果たしている。SDGs採択により経済・環境・社会の課題が統合され、SDGsへの取組と企業価値が連動し得るようになったことで、多くの民間企業や投資家が開発課題により積極的に取り組み、持続可能な社会を実現するための金融（サステナブルファイナンス）を進めるようになっている。これを受けて、開発途上国にとっての民間資金の重要性も高まっており、インパクト投資やESG投資など、開発効果を有する民間資金の活用は国際的な潮流となっている。これらを踏まえ、従来の官民連携の取組を引き続き推進するとともに、スタートアップや中小企業を含め、民間企業を開発のプラットフォームに巻き込み、開発途上国の開発課題と結びつけるための開発協力を推進していく。具体的には、インパクト投資やESG投資、ブレンデッド・ファイナンス等の推進のため、開発途上国における経済基盤の構築、民間人材の研修・留学、法制度整備支援を含むビジネス環境の整備、開発モデルの提示、海外投融資を始めとする公的資金の戦略的活用等を行う。

イ　公的金融機関等

開発途上国の開発にとって、ODAとOOFの双方を効果的に組み合わせることが重要になっていることを踏まえ、ODA資金と開発途上国に対するOOFを扱う機関（株式会社国際協力銀行（JBIC）、株式会社日本貿易保険（NEXI）、株式会社海外交通・都市開発事業支援機構（JOIN）、株式会社海外通信・放送・郵便事業支援機構（JICT）、独立行政法人エネルギー・金属鉱物資源機構（JOGMEC）等）を連携させ、政府及び政府関係機関の様々なスキームを有機的に組み合わせて相乗効果を高めつつ、民間資金とも協調した開発協力を推進する。

ウ　他ドナー

先進国・開発途上国問わず、開発協力の目的・理念を共有する他ドナーとの知見や資源等の共有及び連携を深化させる。また、開発協力に関するルールやスタンダードの実施・普及、法の支配に基づく自由で開かれた国際秩序の維持・強化のためにも連携を深めていく。南南協力・三角協力の取組を含めた多層的な多国間協力を推進していくことで、開発途上国に多様な選択肢を提供していく。

エ　国際機関、地域機関、国際開発金融機関

国際機関は専門性・中立性や紛争地等へのアクセス等に、地域機関はその地域に適した課題解決や広域的取組等に、それぞれ強みを有している。国際機関・地域機関等との連携を強化することにより、二国間協力ではアクセス困難な分野・地域への協力、二国間協力との組合せによる相乗効果の創出、及びその専門的な知見や経験の活用等を目指す。また、国際機関等は課題設定や国際的な規範の創出等において重要な役割を果たしていることを踏まえ、日本の経験や知見を活かした貢献を通じて連携を深めるとともに、国際機関等への効果的な拠出と、幹部

職員を含む邦人職員の増強により、国際機関における意思決定への関与を強化する。国際開発金融機関とは、その資金量と国際的な規範の創出等に果たす役割の重要性を踏まえ、その改革に向けた議論を推進するとともに、協調融資を含めた連携を強化する。

オ　市民社会

非政府組織（NGO）を始めとする市民社会は、現地のニーズに寄り添った迅速な協力を通じ世界各地の人道支援等開発協力における存在感を拡大している。このような市民社会を我が国の開発協力の戦略的パートナーと新たに位置付けた上で、市民社会の有する専門性を活かし、政府間の二国間支援の届きにくい住民ニーズに寄り添った、より効果的かつ持続的な協力に努める。我が国市民社会の能力向上を支援するとともに、支援スキームの不断の改善等により、国内外の市民社会を通じて実施する開発協力を更に強化していく。

同時に、こうした協力の担い手の裾野を拡大する観点からも、広範な国民各層の開発協力への参加と知見の社会還元を促すとともに、その提案や意見に耳を傾ける。

カ　地方自治体等

基礎的行政サービスの提供主体である地方自治体の経験やノウハウは、開発途上国に応用できるものが多い。このため、開発協力事業への地方自治体の参画への促進・支援に努める。同時に、独立行政法人国際協力機構（JICA）国内拠点やJICA海外協力隊経験者を最大限活用しつつ、開発協力を通じて育まれた人材や知見を、地方創生等の我が国が抱える課題解決にもつなげていく。

キ　大学・研究機関等

大学・研究機関等との連携促進により、開発途上国の開発課題への新しい解決策を模索するだけでなく、開発途上国と我が国の学生・研究者の交流・共同研究による国際頭脳循環の促進、双方の科学技術力の向上及び我が国の近代化や経済発展等の開発経験の発信等の取組を強化する。

ク　知日派・親日派人材、日系人等

我が国のきめ細かな人づくり等を通じて育成してきた、世界の知日派・親日派人材は我が国の文化や価値観を理解する重要な人的アセットである。また、日系人及び日系社会は我が国との強い絆の礎となっており、各国地域コミュニティにも広く貢献している。これらのアセットに加え、在外教育施設も活用し、信頼に基づく人材の重層的ネットワークを更に強化していく。

(2)　戦略性の一層の強化

我が国の開発協力の戦略性を強化するためには、限られた資源を活用しつつ、前述の目的と重点政策に照らした政策立案の重点化を図り、その政策と実施との間の一貫性を強化するとともに、我が国の強みを活かした能動的な協力を展開することが重要である。この観点から以下に取り組む。

ア　政策と実施の一貫性の強化

(ア)　政策立案に際しては、開発協力が、刻一刻と変化する国際情勢を踏まえた戦略的かつ機動的対応が要求される外交政策の最も重要なツールの一つであることを十分に認識し、前述の目的と重点政策推進に照らし、必要な重点化を図る。

(イ)　実施に際しては、政府・実施機関が一体となり、これまで行ってきたODAの三スキーム（無償資金協力・技術協力・有償資金協力（円借款及び海外投融資））の効果的な活用に加え、二国間協力と国際機関やNGOを通じた協力を、開発のプラットフォームを通じた様々な主体との連帯を通じ、最適な組合せで実施することにより開発効果の最大化を目指す。また、個々の事業が長年にわたって相手国政府及び国民に広く認知され、事業終了後も正しく評価されるためのフォローアップを行う。

(ウ)　評価、改善に際しては、協力の効果・効率性の最大限の向上に加え、我が国への寄与を含む国民への説明責任を果たす観点からも重要であることを踏まえ、変化する国際情勢に柔軟かつ適時に対応する必要性にも留意しつつ、政策や事業レベルで開発協力の成果・効果（アウトカム）を設定した上で、定量的なデータも用いて適切に評価を行う。また、評価結果を政策決定過程や事業実施に適切にフィードバックすることで事業の質の改善や政策目標達成につなげる。

(エ)　上記の開発協力の政策立案、実施、評価、改善（ＰＤＣＡ）のサイクルにおいて、戦略的な一貫性を確保する。

イ　我が国の強みを活かした協力

(ア)　我が国が自国の伝統を大切にしつつ民主的な経済発展を遂げた歩みの中で構築してきた人材、知見、質の高い技術力、制度等は、開発協力を行う上での財産であり、こうした強みを活かした開発協力を行っていく。

(イ)　これまで我が国は、留学生・研修員の受入れや専門家の派遣等を通じて、技術やノウハウを伝える「人への投資」を一貫して重視し、きめ細やかな人づくりに取り組んできており、開発途上国からの期待も高い。引き続き、開発途上国から留学・研修先として「選ばれる国」であるべく、政府関係機関職員のみならず民間人材も含め、開発途上国に有用な我が国の経験の体系的習得、日本企業の現地パートナーとなる開発途上国人材の育成を進めるなど、留学・研修プログラムの充実に努める。開発途上国の民間人材と我が国の企業等とが協働することにより、学び合い、新たな価値を生み出し、それぞれの経済社会に還元していくことは、次世代の繁栄にもつながるものであり、積極的に取り組んでいく。

(ウ)　我が国が有する高い技術力や科学技術は、依然として大きな強みである。一方で、新興国や開発途上国の技術も発展し、求められるニーズも多様化していることから、資機材提供、施設建設等の質の高いハード面の協力に、運営・維持管理への関与、制度構築や人材育成を含めたソフト面での協力等を組み合わせた、付加価値のある開発協力を実践していくことがより重要となっている。これを踏まえ、相手国からの要請を待つだけでなく、共創の中で生み出された新たな社会的な価値や解決策も活用しつつ、ODAとOOF等様々なスキームを有機的に組み合わせて相乗効果を高め、日本の強みを活かした魅力的なメニューを作り、積極的に提案していくオファー型協力を強化する。

(エ) さらに、共に生活し、共に考えるJICA海外協力隊は、日本と開発途上国の草の根レベルでの架け橋であり、引き続き我が国らしい協力として推進していく。

(3) 目的に合致したきめ細やかな制度設計

上記を踏まえ、以下を含む、きめ細やかな制度設計に、不断に努めていく。

ア 開発のニーズに合わせた柔軟かつ効率的な協力の実施

(ア) 上述の民間企業によるサステナブルファイナンスの取組を後押しし、開発のための民間資金の動員を図ることを始め、資金協力・技術協力双方において、共創のために必要な協力が効果的・効率的に行えるよう、不断の制度改善を行う。

(イ) 一人当たり国民総所得が一定の水準以上にあっても、いわゆる「中所得国の罠」に陥っている国々や小島嶼国等の特別な脆弱性を抱える国々等を含め、所得水準が相対的に高い国に対しても、各国の開発ニーズの実態や負担能力に応じ、無償資金協力や技術協力を含む必要な協力を戦略的に活用していく。

(ウ) 緊急人道支援においては、政府間支援が困難な状況下でも、最も必要とする人々に迅速かつ確実に支援が行き届くよう、意思決定の迅速化を行うとともに、非政府の幅広いパートナーも一層活用していく。また、国際的潮流を踏まえ、必要な場合には、質の高い柔軟な拠出を取り入れるとともに、適切な場合には、国際機関やNGOを通じた現金給付等により効果・効率を高める取組を進める。さらに、人的・物的・資金的な面で機動的かつ我が国の顔の見える支援ができるよう、国際緊急援助隊の派遣に関する法律（昭和六二年法律第九三号）の運用も含め、JICAが行う緊急人道支援などの支援手法の改善を図る。今後も、国際的な潮流を踏まえ、効果的・効率的な手法を取り入れていく。

イ　時代のニーズに合わせた迅速な協力の実施

目まぐるしく変化する国際情勢に対応するための協力や動きの速い民間投資と連携した協力の必要性に鑑み、適正な執行を確保しつつ、必要に応じ、迅速な意思決定・協力の実施が可能になるよう制度改善を行っていく。

2. 開発協力の適正性確保のための実施原則

開発協力の適正性確保の観点から、以下の原則を常に踏まえた上で、相手国の開発需要及び経済社会状況、二国間関係等を総合的に判断の上、開発協力を実施する。

(1)　民主化の定着、法の支配及び基本的人権の保障に係る状況

開発途上国の民主化の定着、法の支配及び基本的人権の尊重を促進する観点から、当該国にお

ける民主化、法の支配及び基本的人権の保障をめぐる状況に十分注意を払う。

(2) 軍事的用途及び国際紛争助長への使用の回避

開発協力の実施に当たっては、軍事的用途及び国際紛争助長への使用を回避する。民生目的、災害救助等非軍事目的の開発協力に相手国の軍又は軍籍を有する者が関係する場合には、その実質的意義に着目し、個別具体的に検討する。

(3) 軍事支出、大量破壊兵器・ミサイルの開発製造、武器の輸出入等の状況

テロや大量破壊兵器の拡散を防止する等、国際社会の平和と安定を維持・強化するとともに、開発途上国はその国内資源を自国の経済社会開発のために適正かつ優先的に配分すべきであるとの観点から、当該国の軍事支出、大量破壊兵器・ミサイルの開発・製造、武器の輸出入等の動向に十分注意を払う。

(4) 開発に伴う環境・気候変動への影響

環境と開発を両立させ、脱炭素化の促進を含め、持続可能な開発を実現するため、開発に伴う様々な環境への影響や気候変動対策に十分注意を払う。

(5) 債務の持続可能性

開発途上国の経済社会開発を中長期的に持続可能なものとするよう、当該国の債務の持続可能性に十分配慮し、これを強化すべく、開発協力を行う。

(6) ジェンダー主流化を含むインクルーシブな社会の促進・公正性の確保

開発協力のあらゆる段階においてジェンダー主流化を通じたジェンダー平等及び女性のエンパワーメントを推進する。同時に、こども、障害者、高齢者、少数民族・先住民族等の社会的に脆弱な立場に置かれている人々を含め、全ての人が開発に参画でき、恩恵を享受できる多様でインクルーシブな社会を促進すべく、公正性の確保に十分配慮した開発協力を行う。

(7) 不正腐敗の防止

開発協力の実施においては、不正腐敗を防止することが必要である。受注企業の法令遵守体制構築に資する措置を講じつつ、相手国と連携し、相手国のガバナンス強化を含め、不正腐敗を防止するための環境を共に醸成していく。この観点からも、案件実施に当たっては、適正手続を確保し、実施プロセスにおける透明性の確保に努める。

(8) 開発協力関係者の安全配慮

開発協力に携わる人員の安全を確保する観点から、安全管理能力強化、治安情報の収集及び安全対策の実施、工事施工時の関係者の安全確保に十分注意を払う。特に、平和構築など、政情・治安が不安定な地域での協力に際しては、平素から十分な安全対策や体制整備を行い、危機発生時は、関係者の迅速な退避や現場での緊急的な支援活動等に際し、関係者の安全確保に万全を尽くす。

3．実施体制・基盤の強化

対国民総所得（ＧＮＩ）比でＯＤＡの量を〇・七％とする国際的目標を念頭に置くとともに、我が国の極めて厳しい財政状況も十分踏まえつつ、上記１．及び２．を踏まえ、様々な形でＯＤＡを拡充し、開発協力の実施基盤の強化のため必要な努力を行う。同時に、開発協力をめぐる官民の役割分担が変化している中、民間企業やＯＯＦを扱う政府関係機関との連携強化を始め、民間資金の動員を促進し、開発協力の様々なパートナーとの間でより効果的な開発協力を追求する。

(1)　実施体制

開発協力を進めるに当たっては、開発協力政策の企画・立案の調整を担う外務省を中核とした関係府省庁間の連携を強化する。また、外務省を始めとする政府が政策を示し、ＪＩＣＡ等実施機関はその政策に沿った案件を実施することで、政策と実施の一貫性を一層強化する。特に、在外公館とＪＩＣＡ現地事務所の連携を促進する。政府と実施機関の各々の能力・体制整備・制度改善に一層努める。

(2)　人的・知的基盤

ア　開発協力に関わる政府及び実施機関の人員体制を引き続き強化する。特に、ＤＸやグリーントランスフォーメーション（ＧＸ）、公共財政、民間資金動員のためのファイナンス等、新たな開発課題に高い知見を有する人材の確保・育成に向け、産官学で連携して取り組む。また、こうした分野では、開発途上国との間での国際頭脳循環や、協力の成果の日本へのフィードバックも推進する。外務省・ＪＩＣＡに加え、コンサルタント、大学・研究機関等、民間企業、市民社会等における専門性を持った国際人材の育成を促進するとともに、このような人材が国内外において活躍できる機会の拡大及び制度・体制整備に努める。

イ　また、開発協力に関するルール形成など国際的な議論を主導するため、我が国と国内外の大学・研究機関等のパートナーとの間で、政策研究やネットワーク形成を促進し、知的基盤を強化する。

(3)　社会的基盤（情報公開、海外広報及び開発教育を含む。）

ア　開発協力の実施には、国民の理解と支持が不可欠である。ＪＩＣＡの国内拠点も活用し、地方自治体やＪＩＣＡ海外協力隊関係者等とも協力しつつ、開発協力の意義と成果、国際社会からの評価等について、分かりやすく丁寧に幅広い国民に説明する。同時に、国民に対して、開発協力の実施状況や評価等に関する情報を幅広く、迅速に十分な透明性をもって公開する。また、開発途上国を含めた国際社会において、日本の開発協力とその成果の認知度・理解度を高めるための海外広報に積極的に取り組む。

イ　学校教育や社会教育などの場を通じて、開発教育を推進する。国民の日々の生活や経済活動は、開発途上国を含む国際社会との相互依存の下に成り立っている。開発教育を通じ、幅広い世代が様々な開発課題について主体的に考え、行動する力を育んでいく。

4. 開発協力大綱の実施状況に関する報告

毎年閣議報告される「開発協力白書」において本大綱の実施状況を明らかにする。

anthropological study on Dar Sila." MINURCAT website, https://minurcat.unmissions.org/sites/default/files/old_dnn/English_final_revised.pdf, July 2008

39. Ogata, Sadako, Sen, Amartya, et al, *Human Security Now*, UN Commission on Human Security, https://reliefweb.int/report/world/human-security-now-protecting-and-empowering-people, 2003
40. "Bolstering climate finance, UNDP signs new Accreditation Master Agreement with the Green Climate Fund", UNDP website, https://www.undp.org/press-releases/bolstering-climate-finance-undp-signs-new-accreditation-master-agreement-green-climate-fund, March 21, 2023
41. "World Malaria Report 2022", World Health Organization website, https://www.who.int/teams/global-malaria-programme/reports/world-malaria-report-2022, 2022
42. "Chad, Living Free From Malaria", UN OCHA Reliefweb, https://reliefweb.int/report/chad/living-free-malaria, April 24, 2023,

Fund for Human Security 2008-2011 website, https://www.un.org/humansecurity/hsprogramme/area-based-development-programme-local-development-for-community-stabilization-in-mitrovica-and-zvecan/
31. Nakayama, R. et al, "Social networks and mental health in post-conflict Mitrovica, Kosova", BMC Public Health, 2014
32. "Staff Rules", United Nations Policy Portal, https://policy.un.org/browse-by-source/staff-rules
33. "With 143 Votes in Favour, 5 Against, General Assembly Adopts Resolution Condemning Russian Federation's Annexation of Four Eastern Ukraine Regions", UN website, https://press.un.org/en/2022/ga12458.doc.htm, October 12, 2022
34. "Report identifies rising population anxiety, urges radical rethink of how countries address changing demographics", UNFPA website, https://www.unfpa.org/press/unfpa-report-identifies-rising-population-anxiety-urges-radical-rethink-how-countries-address, April 19, 2023
35. "Report of the Secretary-General on the United Nations Mission in the Central African Republic of Chad" S/2010/611, UN website, https://documents-dds-ny.un.org/doc/UNDOC/GEN/N10/658/36/PDF/N1065836.pdf?OpenElement, December 1, 2010
36. "Le Conseil reconnaît le rôle critique que le Détachement intégré de sécurité sera appelé à jouer dans l'avenir pour protéger les civils au Tchad", UN Security Council Press Release, https://press.un.org/fr/2010/cs10134.doc.htm, December 20, 2010
37. "New report from UNAIDS shows that AIDS can be ended by 2030 and outlines the path to get there", UNAIDS website, https://www.unaids.org/en/resources/presscentre/pressreleaseandstatementarchive/2023/july/unaids-global-aids-update, July 13, 2023
38. "Sources of violence, conflict mediation and reconciliation: a socio-

20. “Creating sustainable finance solutions for people & planet.”, UNDP-BIOFIN website, https://www.biofin.org/about-biofin/donors-partners
21. UN Sustainable Development Group website, https://unsdg.un.org/
22. “The UN Resident Coordinator system – an overview”, UN Sustainable Development Group website, https://unsdg.un.org/resources/un-resident-coordinator-system-overview
23. UNDP Accelerator Labs website, https://www.undp.org/acceleratorlabs
24. UNDP Internal Control Framework website, https://popp.undp.org/policy-page/internal-control-framework
25. “South Asia: Public-private partnerships provide Tsunami relief and reconstruction - A deepening collaboration”, UN-OCHA Reliefweb 2006, https://reliefweb.int/report/indonesia/south-asia-public-private-partnerships-provide-tsunami-relief-and-reconstruction, September 30, 2006
26. “UNSDG Common Approach to Prospect Research and Due Diligence for Business Sector Partnerships” pp.9-15, UNSDG website, https://unsdg.un.org/resources/unsdg-common-approach-prospect-research-and-due-diligence-business-sector-partnerships, March 2020
27. Principles of Responsible Investment website, https://www.unpri.org/
28. Porter, Michael E., Kramer, Mark R., “Corporate Social Responsibility Creating Shared Value How to reinvent capitalism—and unleash a wave of innovation and growth”, Harvard Business Review, 2011
29. “What is the PRINCE2 project management methodology?” Asana website, https://asana.com/resources/prince2-methodology
30. “Area based development programme: Local development for community stabilization in Mitrovica and Zvecan”, UN Trust

health-systems, 2023
11. “Accelerating the AIDS response in Chad”, UNAIDS website, https://www.unaids.org/en/resources/presscentre/featurestories/2015/august/20150807_chad, August 07, 2015
12. Rietkerk, Aaron Dean, *In Pursuit of Development: The United Nations, Decolonization and Development Aid, 1949-1961* (Doctoral dissertation), The London School of Economics and Political Science, https://etheses.lse.ac.uk/3158/1/Rietkerk_In_Pursuit_of_Development.pdf, 2015
13. “The 2022 Aid Transparency Index” p16, Publish What You Fund website, https://www.publishwhatyoufund.org/app/uploads/dlm_uploads/2022/06/Aid-Transparency-Index-2022.pdf, 2022
14. “UNDP Strategic Plan 2022-2025”, UNDP website, https://www.undp.org/publications/undp-strategic-plan-2022-2025, September 2, 2021
15. “Lake Chad Basin and Liptako Gourma Region Summery Report 2022”, UNDP website, https://www.undp.org/africa/publications/lake-chad-basin-and-liptako-gourma-region-summary-report-2022, June 23, 2023
16. “Brief on COP27 Outcomes and Roadmap to COP28”, UNDP website, https://www.undp.org/sites/g/files/zskgke326/files/2023-09/brief_cop27_outcomes_and_cop28_eng.pdf, 2023
17. “Africa Human Development Report 2016”, UNDP website, https://www.undp.org/publications/africa-human-development-report-2016, August 28, 2016
18. “Developing Local Capacities to Go Green”, UNDP website, https://www.undp.org/srilanka/press-releases/developing-local-capacities-go-green, June 22, 2021
19. “Human Development Report 1994: New Dimensions of Human Security”, UNDP website, https://hdr.undp.org/content/human-development-report-1994, January 1, 1994

参考文献およびホームページリスト（英語・仏語）

1. Sen, Amartya, *Development as freedom*, Oxford University Press, 1999
2. Stiglitz, Joseph E., Rosengard, Jay K., *Economics of the Public Sector*, W. W. Norton, Incorporated, 2015
3. Kindleberger, Charles P., *Economic Developent*, McGraw-Hill, 1983
4. Chowdhury, Anwarul K., "The UN's 78th Birthday: Revisiting the Operational Credibility of the United Nations", (Inter Press Service, 2023), Roosevelt Franklin D., "The structure of world peace cannot be the work of one man, or one party, or one Nation.", Address to Congress on Yalta, US National Archive, March 1, 1945
5. United Nations website, "Peace, dignity and equality on a healthy planet", https://www.un.org/en/
6. Matsunaga, Hideki, *The Reconstruction of Iraq after 2003*, World Bank Group, 2019
7. "Report of the Secretary-General on the United Nations Mission in the Central African Republic and Chad", UN Digital Library 2008, S/2008/760, https://digitallibrary.un.org/record/643315?ln=en, December 4, 2008
8. "Tchad: La sécurisation de l'espace humanitaire est renforcée par l'assistance du Système des Nations Unies au Détachement Intégré de Sécurité", OCHA Reliefweb, https://reliefweb.int/report/chad/tchad-la-sécurisation-de-lespace-humanitaire-est-renforcée-par-lassistance-du-système, 2011
9. "Plan National de Développement 2013-2015", UNDP Tchad website, https://www.undp.org/fr/chad/publications/plan-national-de-développement-2013-2015, November 7, 2013
10. "Global Fund Partnership and Health System", UNDP website, https://www.undp.org/geneva/global-fund-partnership-and-

野をめぐる国際潮流」https://www.mofa.go.jp/mofaj/gaiko/oda/bunya/security/index.html（2021 年）
58. UNDP 駐日代表事務所ホームページ「人間開発報告書 2021 – 2022 年　不確実な時代の不安定な暮らし：激動の世界で未来を形づくる」https://www.undp.org/ja/japan/publications/hdr2021-2022（2022 年）
59. UNDP駐日代表事務所ホームページ「Youth Co:Lab（ユース・コーラボ）」https://www.undp.org/ja/japan/youth-co-lab（2023 年）
60. UNDP 駐日代表事務所ホームページ「SDG インパクト」https://sdgimpact.jp.undp.org/（2022 年）
61. 外務省ホームページ「（仮訳）G 7広島首脳コミュニケ（2023 年 5 月 20 日）」
https://www.mofa.go.jp/mofaj/files/100507033.pdf（2023 年）
62. 植木安弘、上智大学国際協力人材育成センター監修『歴史に生きる ―国連広報官の軌跡』（国際開発ジャーナル社、2019 年）
63. 植木安弘「国連を中心とした協調で紛争の解決を」（『第三文明』2022 年 6 月号）
64. 外務省ホームページ「開発協力大綱」
https://www.mofa.go.jp/mofaj/gaiko/oda/seisaku/taikou_202306.html（2023 年）
65. SDGs 白書 編集委員会『人新世の脅威に立ち向かう！』（インプレス R&D、2022 年）

47. 国際協力機構ホームページ「東ティモール民主共和国 JICA 国別分析ペーパー」
https://www.jica.go.jp/Resource/easttimor/ku57pq00000468jx-att/jcap.pdf（2023 年）
48. 外務省ホームページ「コソボ共和国基礎データ」
https://www.mofa.go.jp/mofaj/area/kosovo/data.html（2023 年）
49. 外務省ホームページ「人間の安全保障基金〈コソボ共和国の安定及び人間の安全保障の実現〉への支援について」
https://www.mofa.go.jp/mofaj/press/release/h20/10/1184462_918.html（2008 年）
50. Academic Accelerator「コソボの戦い」
https://academic-accelerator.com/encyclopedia/jp/battle-of-kosovo（2023 年）
51. 定形衛「旧ユーゴ紛争と平和構築の課題」（『国際問題 No.564』pp.34–42、日本国際問題研究所、2007 年）
52. 国連広報センターホームページ「コソボに関する一方的独立宣言の国際法適合性に関する国際司法裁判所の勧告的意見」
https://www.unic.or.jp/files/a_64_881.pdf（2010 年 7 月 26 日）
53. ヘイミシュ・マクレイ『2050 年の世界・見えない未来の考え方』（日経 BP 日本経済新聞出版、2023 年）
54. 外務省ホームページ「世界エイズ・結核・マラリア対策基金（世界基金）と日本の取組」https://www.mofa.go.jp/mofaj/gaiko/oda/shiryo/hakusyo/08_hakusho/kakomi/03.html（2014 年）
55. UNDP 駐日代表事務所ホームページ「アフリカ人間開発報告書 2016：アフリカにおけるジェンダー平等と女性のエンパワーメントの促進」https://www.undp.org/sites/g/files/zskgke326/files/publications/UNDP_Tok_AfHDR_20160828.pdf（2016 年）
56. 奈良雅史「ムスリムにおける公益活動の展開 —中国雲南省昆明市回族社会の事例から」（『宗教と開発の人類学　グローバル化するポスト世俗主義と開発言説』pp.291–326、春風社、2019 年）
57. 外務省ホームページ「ODA（政府開発援助）人間の安全保障分

界法年報第 15 号』世界法学会、1996 年）
36. 近藤哲生「国連海洋法条約準備委員会の結果と評価」（『季刊海洋時報第 74 号』pp.12–19 日本海洋協会、1993 年）
37. 山下光「イラク戦争と国連安全保障理事会—武力行使の正当性の問題を中心に」（『防衛研究所紀要』第 7 巻第 1 号 pp.52-103、防衛省防衛研究所、2004 年）
38. 国連広報センターホームページ「国連イラク支援団（UNAMI）」https://www.unic.or.jp/news_press/features_backgrounders/762/（2007 年）
39. 内閣府ホームページ、防災情報「平成 17 年版防災白書 1－2 インドネシア・スマトラ島沖大規模地震及びインド洋津波」https://www.bousai.go.jp/kaigirep/hakusho/h17/bousai2005/html/honmon/hm140102.htm（2005 年）
40. グローバル・コンパクト・ネットワーク・ジャパンホームページ https://www.ungcjn.org/index.html
41. 経済団体連合会ホームページ「企業行動憲章実行の手引き〈第 9 版〉『8－1 国内外の社会的課題について情報を収集し、企業のパーパス（存在意義）や経営理念、サステナビリィに関する優先課題などを踏まえ、社会貢献活動の目的や分野、活動領域、具体的な活動等を決定する』」pp.126–127 https://www.keidanren.or.jp/policy/cgcb/tebiki9.pdf#page=141
42. 斎藤幸平『人新世の「資本論」』（集英社、2020 年）
43. UNDP 駐日代表事務所ホームページ「UNDP のクライシス・オファー（UNDP の包括的危機対策）」https://www.undp.org/ja/japan/publications/undp-crisis-offer-2022（2022 年）
44. スティーブン・R・コヴィー『完訳 7 つの習慣　人格主義の回復』（キングベアー出版、2015 年）
45. 長谷川祐弘「東ティモールの平和構築と指導者の役割」（東大作編著『人間の安全保障と平和構築』pp.51–70、日本評論社、2017 年）
46. 長谷川祐弘『国連平和構築　紛争のない世界を築くために何が必要か』（日本評論社、2018 年）

として行われた2015年の東北大学災害科学国際研究所・UNDP・富士通株式会社のパートナーシップで災害統計グローバルセンターのデータベース構築プロジェクト」https://www.tohoku.ac.jp/japanese/2017/03/press20170309-03.html（2017年）
23. 紀谷昌彦・山形辰史『私たちが国際協力する理由：人道と国益の向こう側』（日本評論社、2019年）
24. 一般社団法人全国銀行協会ホームページ「SDGsに金融はどう向き合うか」https://www.zenginkyo.or.jp/fileadmin/res/news/news310329_1.pdf（2019年）
25. 外務省ホームページ「仙台防災枠組 2015－2030（仮訳）」https://www.mofa.go.jp/mofaj/files/000081166.pdf（2015年）
26. 南博・稲場雅紀『SDGs・危機の時代の羅針盤』（岩波書店、2020年）
27. 山下邦明、上智大学国際協力人材育成センター監修『「心の中に平和のとりでを築く」に魅せられて―ユネスコを通して出会った人々との軌跡50年』（国際協力ジャーナル社、2022年）
28. 倉井高志『世界と日本を目覚めさせたウクライナの〈覚悟〉』（PHP研究所、2022年）
29. 東大作『ウクライナ戦争をどう終わらせるか』（岩波書店、2023年）
30. 外務省ホームページ「アフガニスタン復興支援国際会議」（2002年）https://www.mofa.go.jp/mofaj/area/afghanistan/k_kaigo.html
31. 緒方貞子『紛争と難民　緒方貞子の回想』（集英社、2006年）
32. 外務省ホームページ「川口外務大臣のアフガニスタン訪問（概要と評価）」https://www.mofa.go.jp/mofaj/kaidan/g_kawaguchi/gw02/afg0504.html（2002年）
33. 国連フォーラムホームページ「国連職員NOW！第30回　近藤哲生さんUNDPコソボ副代表」https://www.unforum.org/unstaff/30.html（2007年）
34. 外務省ホームページ「海洋安全保障・海洋の国際法秩序と国連海洋法条約」https://www.mofa.go.jp/mofaj/gaiko/kaiyo/law.html（2023年）
35. 田中則夫「論説・国連海洋法条約第11部 実施協定の採択」（『世

12. 秋月弘子「国連開発計画（UNDP）の開発援助活動の法構造」（『社会科学ジャーナル 31』pp.39–58、国際基督教大学社会科学研究所、1993 年） https://core.ac.uk/reader/234715150
13. 朝日新聞デジタル「『気候危機』私たちにできることは？　国連専門官が語る二つの視点」山角恵里氏インタビュー（2023 年 2 月 22 日）
14. UNDP 駐日代表事務所ホームページ「新規医療技術のアクセスと提供に関するパートナーシップ」
https://www.undp.org/ja/japan/adp
15. 近藤哲生「ユネスコ再生のために—日本が発揮したリーダーシップ」（『外交フォーラム 1992 年 3 月号 No.42』pp.85–91、都市出版、1992 年）
16. 外務省ホームページ「ミレニアム開発目標（MDGs）」
https://www.mofa.go.jp/mofaj/gaiko/oda/doukou/mdgs.html
17. 同「Japan SDGs Action Platform SDGs とは？」
https://www.mofa.go.jp/mofaj/gaiko/oda/sdgs/about/index.html
18. 外務省作成の仮訳「我々の世界を変革する：持続可能な開発のための 2030 アジェンダ」
https://www.mofa.go.jp/mofaj/gaiko/oda/sdgs/pdf/000101402.pdf
19. 日本経済団体連合会ホームページ「『企業行動憲章　実行の手引き』第 9 版の改訂について」https://www.keidanren.or.jp/policy/2022/105.html（2022 年 12 月 13 日）
20. UNDP 駐日代表事務所ホームページ『人新世の時代における人間の安全保障への新たな脅威　より大きな連帯を求めて　概要』
https://hdr.undp.org/system/files/documents/srhs2022overviewjppdf.pdf（2022 年）
21. UNDP 駐日代表事務所ホームページ「UNDP 報告書：度重なる危機により、世界の 9 割の国で人間開発が後退と警告」
https://www.undp.org/ja/japan/press-releases/Uncertain-Times-Unsettled-Lives（2022 年）
22. 東北大学ホームページ「第 3 回国連防災世界会議の成果のひとつ

参考文献およびホームページリスト（日本語）

1. UNDP『人新世の脅威と人間の安全保障：さらなる連帯で立ち向かうとき：2022 年特別報告書』星野俊也監訳（日経 BP 社、2022 年）
2. 植木安弘『国際連合：その役割と機能』（日本評論社、2018 年）
3. 東大作編著『人間の安全保障と平和構築』（日本評論社、2017 年）
4. 上智大学ホームページ「国際協力人材育成センター・国際協力・国際機関への道」https://dept.sophia.ac.jp/is/shric/
5. UNDP 駐日代表事務所ホームページ「恐竜が国連で『絶滅を選ぶな』と世界に呼びかけ」（動画）
https://www.undp.org/ja/japan/press-releases/ 恐竜が国連で「絶滅を選ぶな」と世界に呼びかけ（2021 年 11 月 1 日）
6. 国連広報センターホームページ「国連憲章テキスト」
https://www.unic.or.jp/info/un/charter/text_japanese/（1945 年）
7. 国連財政規則 UN Financial Regulations and Rules, Rule5.2, ICC-ASP/1/3, https://www.icc-cpi.int/sites/default/files/NR/rdonlyres/D4B6E16A-BD66-46AF-BB43-8D4C3F069786/281202/FRRENG0705.pdf
8. 茶木久実子・玉内みちる、上智大学国際協力人材育成センター監修『国際公務員とキャリア戦略 ―元国連人事官が明かす魅力と成功へのカギ―』（国際開発ジャーナル社、2023 年）
9. 外務省ホームページ、平成 14 年版外交青書「米国同時多発テロの発生」https://www.mofa.go.jp/mofaj/gaiko/bluebook/2002/gaikou/html/honpen/index.html
10. 飯村学「開発の現場から見たマリ、サヘル情勢」（『サハラ地域におけるイスラーム急進派の活動と資源紛争の研究：中東諸国とグローバルアクターとの相互連関の視座から』、日本国際問題研究所、2014 年）
11. 外務省ホームページ「第 5 回アフリカ開発会議（TICAD V）」
https://www.mofa.go.jp/mofaj/area/ticad/tc5/index.html（2013 年）

近藤哲生（こんどう・てつお）

国連開発計画（UNDP）東京事務所前所長（2014–2023年）。UNDPチャド所長（2010–2013年）、UNDPコソボ常駐副代表（2007–2010年）、国連東ティモール支援団（UNMISET）上級人道調整顧問（2006年）、UNDPバンコク地域センター上級顧問（2005–2006年）、国連イラク支援ミッション（UNAMI）アンマン・バグダッドSRSG特別顧問（2004年）、UNDPニューヨーク資源戦略パートナーシップ局（BRSP）特別顧問（2001–2004年）などを歴任。外務省でさまざまな役職を歴任：UNDP/UNFPA理事会副議長（2000年）、国連日本政府代表部一等書記官（1996–1999年）、条約局海洋法本部課長補佐（1992–1996年）、国連局（1989–1992年）、在ザイール（コンゴ民主共和国）大使館（1986–1989年）、在フランス大使館（1982–1986年）、条約局（1981年）など。
米国ジョーンズ国際大学大学院修了、東京都立大学経済学部卒業。
UNDPを定年退職した後は、京都大学大学院特任教授、長崎大学および金沢工業大学客員教授、東京大学および上智大学の非常勤講師などを務める。

上智大学国際協力人材育成センター監修

国際協力・国際機関人材育成シリーズ7

人新世

—人類よ、絶滅を選ぶな—

発　行　日：2024年3月20日　初版第1刷発行
著　　　者：近藤 哲生
発　行　者：末森 満
発　行　所：株式会社 国際開発ジャーナル社
〒113-0034
東京都文京区湯島2-2-6　フジヤミウラビル8F
TEL　03-5615-9670　　FAX　03-5615-9671
URL　https://www.idj.co.jp/　　E-mail　mail@idj.co.jp
発　売　所：丸善出版株式会社
〒101-0051
東京都千代田区神保町2-17　神田神保町ビル6F
TEL　03-3512-3256　　FAX　03-3512-3270
URL　https://www.maruzen-publishing.co.jp/
デザイン・制作：高山印刷株式会社
表 紙 写 真：恐竜のフランキー ©United Nations Development Programme

ISBN 978-4-87539-819-6 C0030